圖解 波段・當沖・美股 三贏

日本股神的線圖獲利法

97張圖×5種獨門技法×3大判讀關鍵，
讓你一出手就有8成勝率，高效累積千萬資產！

相場師朗——著 **葉廷昭**——譯

38年連戰連勝 伝説の株職人が教える
究極の神チャート術 株は3つのサインが読めればいい！

目錄

目 錄

目 錄

好評推薦

「近幾年,貨幣寬鬆多頭持續,鼓勵全民『錢』進股市,然而投資市場中的八二法則,總是屢試不爽地讓股市小白傷痕累累。究竟如何讓股市新手逃離韭菜宿命?其實掌握簡單的技術分析就可以讓投資持盈保泰。例如 2022 年烏俄戰爭黑天鵝起飛前,台股指數就出現了高檔長黑 K 及假突破訊號,爾後指數跌破了支撐均線一路向下。假如投資人了解這些技術分析的知識出清部位,就不擔心黑天鵝的吞噬。本書詳細記載作者以往投資獲利的經驗,以及如何運用技術分析於短線當沖,內容實例說明淺顯易懂,特此推薦。」

—— 王奕辰,財經作家及證券分析師

「作者清楚的技術面操作讓新手也能快速在股市中應用,是一本值得記下書中準則並深研其背後道理的好書。」

—— 股市阿水,布林通道專職投資人

「投入才會深入,付出才會傑出。本書教你波段吃魚身,短沖吃頭尾,全盤通吃。好書一本,值得推薦。」

—— 陳霖,《股票當沖 VS 無本生意》作者

「相場老師解說的股市技術線圖簡單、易懂，只要加以練習，投資功力必然能提升到不同的級別，這是一本祕笈，我會收藏。」

—— 喬哥，籌碼喬哥的股市學堂

前言
工匠精神的交易技術，
讓你能學以致用

交易講究技術。

這是我三十多年交易生涯中，始終堅持的一個觀念。多年來，我也一直寫作講解交易的技術。

本書也是一本解說交易技術的書。那麼，這本跟其他著作有何不同？有些讀者可能會懷疑，不過是舊酒裝新瓶罷了。

技藝高超的工匠尚且會求精益求精，我每天做功課研究，勤於練習交易，交易技術自然也越來越好。每次推出新作品，都有全然不同的境界。

我所謂的「境界」，**不是只有專家才看得懂的艱深論述，而是簡單易學、成效斐然的實用技術**，我一直在追求這樣的境界，不斷精進。

本書介紹的，是目前相場流最新的交易技術，不管你是初入股海的新手，還是經驗豐富的老手，相信都能用這套方法獲利。

我不斷精研交易技巧，找出普通人也能輕鬆致勝的方法。因此本書比我過去的著作更有深度，絕對不是陳腔濫調。

我開設股票道場已經有 8 年了。我在課堂上教導學員各種技巧，過程中我也一直在思考，哪些技巧可以激發學員的學習意願，提升他們的實戰成果？這些技巧經過我去蕪存菁，再用深入淺出的方式傳授給大家。尤其這一兩年來，學員的勝率確實增加不少。

我在書中介紹的，都是學員實際操作後獲利的技巧，堪稱是現在最有效的股海絕技。

每種技巧都是貨真價實的，絕對值得信賴。只要願意讀到最後，好好修習鍛鍊的話，一定能掌握致勝的祕訣。

醫師、律師、政治家……都實證獲利

我想先介紹一下我的讀者和學員。只要了解他們的身分，知道他們是如何跟著我一起成長，你就會相信我的技巧值得信賴了。

有一天，我到某家知名醫院看病，沒想到看診的名醫就是我的忠實讀者，他很努力研究股票知識。我問他為什麼會看我的書，他說在眾多投資書中，我介紹的技巧是他唯一認同的（後來，他也加入了我的股票道場）。

還有一位園藝大師，他們家世代都在幫政商名流打理庭院。他

說我的著作內容非常扎實，所以才會成為我的忠實讀者。

我的學員有醫生、律師、政治家，還有夫妻和親子檔。

如果我寫的東西不值得信賴，根本不會有那麼多讀者，也招收不到學員。換句話說，本書介紹的技巧，都是閱歷豐富、有良好判斷力的成年人，願意奉為圭臬的技巧。

我是用自己的資金交易，公司的資金則由 5 人組成的交易團隊操盤。我們每天盤後會開會討論，明天該如何操作每檔交易標的。

我們會探討交易的利弊，改善交易的手法，鑽研出更精確、更好用的技巧。我就是靠著這套技巧，38 年來縱橫股海、常勝不敗。交易團隊也是用這套技巧獲利，因此讀者絕對也能學以致用。

有些評論家只研究經濟指標和股價動態，沒有實際進場交易，但這些評論家的報告並非沒有參考價值；有些專業作手根本浪得虛名，還有人純粹紙上談兵；網路上也有人自詡股神，但寫出來的書幾乎沒有參考價值。

他們報了不少明牌，甚至吹噓自己的交易技巧可以讓人大賺特賺，可是內行人一看就知道，他們到底有沒有靠交易賺到錢。

不是用自己資金交易的人，無法告訴你精準的買賣時機。

他們可能會說明年經濟大好，適合做多；告訴你哪一家企業業績成長，適合買進。然而，當你問他們進場時機，還有如何在波動中入場，他們卻答不出來。

不必天天殺進殺出，一個月只要操作一兩次

本書會明白告訴你買賣的時機，而且是用線圖具體說明。

第 1 章的例題解說，一開始看懂三成就夠了。只要你好好研讀內容，一定能學會我的交易法，長此以往，絕對有辦法累積雄厚的資產。

聽我這樣說，可能有些人會問，是不是一定要每天交易？

我這套方法不需要整天殺進殺出，一個月交易一、兩次，就有很可觀的獲利了。

因為我只有在勝率極高的情況下，才會進行交易，我個人稱之為「正中直球交易」。

要抓出「正中直球」，必須看懂三大訊號。我同樣會用線圖告訴大家「正中直球」的意義，以及該如何抓準「正中直球」。我不會解釋得很複雜，相信大家都能理解「正中直球交易」的原理。

當然，萬一抓錯「正中直球」，也有亡羊補牢的方法，稱為「部位操作」。

近年來，投資人對美國股市有很大的興趣。本書介紹的技術也適用於美股，只要了解美股的波動特性，預測趨勢，同樣能有豐厚的獲利。

剛才提過，我的方法不需要整天殺進殺出，事實上，要用來當

沖也沒問題。交易的基礎其實跟波段操作（在幾天或幾週內買賣）
沒兩樣，只不過，當沖有當沖必須注意的事項。我會告訴你當沖的
方法，順便說明如何避免失敗。

　　本書的最後，還有一個累積 1 億日元（約新台幣 2,500 萬元）
的交易計畫。

　　就算不是專業的高手，甚至還沒有踏入股海，只要認真照著計
畫執行，絕對有機會實現財務自由。

　　好好利用本書，學習這套值得信賴的技術，要賺到 1 億日元絕
非難事。

第 **1** 章

零基礎入門必學的
實戰基本功

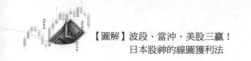

01

先從 K 線和 100 日線判斷走勢

從實戰範例中，培養基本觀念

傳授技巧前，先來看實際的交易過程。如此一來，你就會了解我是用何種方法獲利，對交易也才會有一個基本觀念。

完全沒基礎的初學者，可能會擔心自己看不懂吧？請放心，即使沒學過我的交易技術，先熟記以下三大準則，再來看我介紹的範例，就可以了解交易的基礎。

現階段看不懂也沒關係，先了解概略就足夠了。

K 線和 100 日線的三大準則

一看到線圖，先注意 K 線是在 100 日線上方或下方

實際進行交易前，你要決定做多或做空[*]的基本策略。我用的方法是觀察「均線」[†]和「K 線」。

一般比較常用的均線，不外乎 5 日均線、20 日均線、60 日均線、100 日均線（以下簡稱 5 日線、20 日線、60 日線、100 日線）。

後文看例題時，請注意 100 日線。

K 線在 100 日線之上，「做多」

K 線在 100 日線之上，代表現在的股價高於過去 100 天的平均股價，繼續走升的可能性非常高，屬於多頭格局。

多頭格局要「做多」。在多頭格局「做空」基本上很冒險，就算真有反轉跡象，可能馬上就會再上漲。

K 線在 100 日線之上，萬一碰到股價下跌也不要做空，等股價繼續上漲再買進，比較容易獲利，風險也更小。

當然，也不是完全不能做空，先累積足夠的練習經驗，未來面

---

[*]　跟券商借股票來賣，股價下跌再買回來還給券商，藉此賺取價差的投資手法。
[†]　以線圖表示一段時間內的收盤均價。

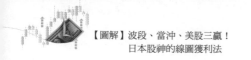

對多頭格局，你也可以稍微做空小賺一筆。

話雖如此，成為高手以後我還是建議你，股價在 100 日線上「做多」，反之就「做空」（見圖 1），這樣要安全得多。

K 線在 100 日線之下，「做空」

K 線在 100 日線之下，代表現在的股價低於過去 100 天的平均股價，繼續下跌的可能性非常高，屬於空頭格局。

空頭格局要「做空」。同理，在空頭格局「做多」也很冒險，

圖 1　看到線圖，先判斷 K 線和 100 日線的關係

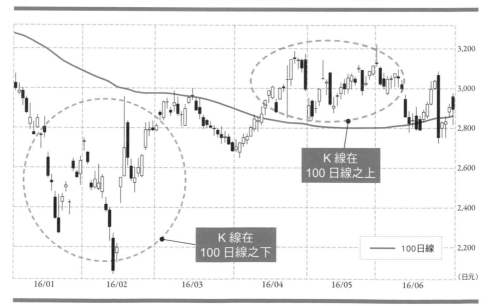

就算真有反轉跡象，可能馬上就會再下跌，因此基本上不該冒險，而是要「做空」才比較容易獲利。

當然成為高手以後，未來面對空頭格局，你也可以稍微「做多」小賺一筆。

後文還會講到其他準則，但先記得這三點就好，這三點算是「基礎中的基礎」。都記清楚了再來看後面章節的例題[*]。

---

[*] 作者是用 Pan Rolling 公司的線圖軟體，來標示各種均線。

02
進一步判斷多空的 K 線與 5 日線

黑 K 線在 5 日線下，做空

接下來，我會用 3 道例題來講解。

請看圖 2 金色星號標示的 K 線，思考你該「做多」還是「做空」？

回想第 01 節提到的三大準則。這張線圖中，K 線和 100 日線的關係為何？

K 線在 100 日線之下，所以基本上你要「做空」。

再來看 K 線與其他均線的關係：黑 K 線摜破 5 日線。

圖 2　黑 K 線在 100 日線下，適合「做空」

鹿島建設（1812）日線圖①

這時候你要做空，部位*是 1 賣 0 買（見圖 3）。一次買賣單位可以是 100 股†，資金充裕一點就 5,000 股（日本散戶賣空的上限）‡，部位大小因人而異。

---

* 有買賣約定但還沒出清的數量，「1 賣 0 買」意味著有 1 個做空的部位，而沒有做多的部位。接下來的圖示中，以數字表示持有部位，例如以 1-0 表示 1 個做空、沒有做多。做空在前，做多在後。

† 台灣做空至少需要 1,000 股。

‡ 台灣散戶若單日超過新台幣 500 萬元額度，需出具相關資力證明。

圖 3　收盤時，紅 K 線剛好在 100 日線上，應先出清做空部位

鹿島建設日線圖②

1-0　0-0

5日線
20日線
60日線
100日線

1,350
1,300
1,250
1,200
1,150

(日元)

20/08　　20/09　　20/10

K 線剛好落在 100 日線，先出清持股

借券做空的隔天，收盤紅 K 線剛好在 100 日線上，K 線不在 100 日線上，也不在 100 日線下，屬於一種很難判斷趨勢的盤面。

這個情況下，你應該先出清部位。回補後，手上就沒有部位了，這一次停損幾乎不會有損失。

有些人一賠就是二三十萬起跳，這都是因為沒有適時停損。

使用我的相場流交易法，一旦看到這種難以預測的盤勢，要立

刻斷尾求生，因此不會有越賠越多的情況發生。

不過，不是停損就結束了，還要看未來股價如何變動，掌握趨勢的脈動，等適合出手的時機到來，進行下次的交易。

高手交易十次，也有兩次失敗的機率。換個角度來說，他們有八次是成功的。所以看錯停損一次，用剩下的八次賺回來就好，把停損當作是賺錢的必要成本。

紅 K 線在 5 日線上，做多

接下來，K 線在 100 日線之上，變成做多的格局。但你不能馬上下單。

記住這條新的準則：紅 K 線在 5 日線之上，才能做多。以圖 4 為例，5 日線上的是黑 K 線，所以這一天不用建立任何部位。

隔天，K 線又出現在 100 日線之下，變回必須做空的格局。記住這條新的準則：黑 K 線在 5 日線之下，才能做空。

那麼，圖 4 灰色星號的 K 線代表什麼？

的確，K 線是在 100 日線之下，但 5 日線下的是紅 K 線，因此這一天不該做空，也不要建立任何部位。

接下來，K 線又剛好在 100 日線上，處於不上不下的格局，所以這一天什麼都別做。自從停損以後，已經過去三天了。

圖 4　K 線沒滿足 5 日線準則，別採取任何行動

鹿島建設日線圖③

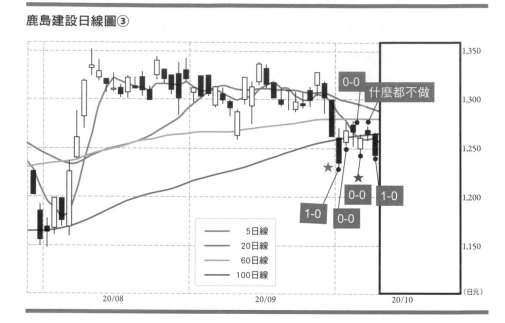

換句話說，這三天完全不能做空或做多。喜歡交易的投資人，一定會躍躍欲試，深怕錯失機會吧？

學會等待，是決定盈虧的重要關鍵

然而，「等待」是一個左右成敗的重要關鍵。

那到底在等什麼呢？

要等一個能確定到底該「做多」還是「做空」的格局。

以棒球來比喻,就好比打者站上打擊區等待投手投好球一樣。遇到壞球很難擊出安打,所以要忍住揮棒的衝動,等待正中直球到來。等投手真的投出正中直球再揮棒,如此一來,也較容易打出長打,甚至是全壘打。

交易也是同樣道理。

等了幾天什麼都沒做,接下來盤面又是如何?

K 線在 100 日線之下,因此又變成必須做空的格局。而且 5 日線下的是黑 K 線,等待已久的好球終於來了。這是可以做空致勝的好機會。

因此建立 1 個做空的部位。從均線來看,還不能肯定未來是下跌趨勢,所以不能建立 2 個做空部位。

還有一點要記住,那就是要「了解股價的動態」(見圖 5)。

觀察這幾天的股價,雖然有上漲一點,但很快就反轉向下,只漲一天又下跌。這種上上下下的變動,該怎麼辦?

投資專家看到這樣的格局,也很難精準判斷未來的走勢。不過,你不會認為這是強力攀升的走勢吧?走勢不上不下,K 線又在 100 日線之下,而且是 5 日線下方的黑 K 線,從這幾點來看,對於建立做空部位應該稍微有點信心了吧?

圖5　股價上下變動，但出現做空訊號

鹿島建設日線圖④

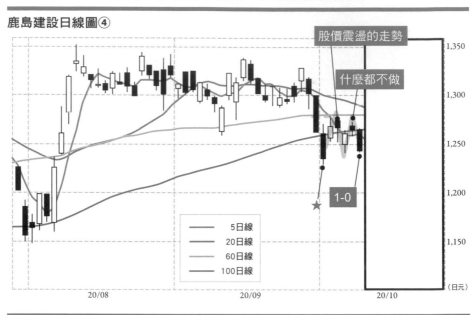

到了隔天，前一天還是區間震盪的股價，終於跌破區間（見圖6）。這種情況可以預測未來將持續探底，所以你要追加「做空」的部位。

股價跌破震盪區間，加碼做空

股價跌破震盪區間會怎樣？

請再記一條新準則：連續幾天的區間震盪一旦跌破，就要加碼做空。

圖 6　下跌趨勢中看到第一根紅 K 線要忍耐

鹿島建設日線圖⑤

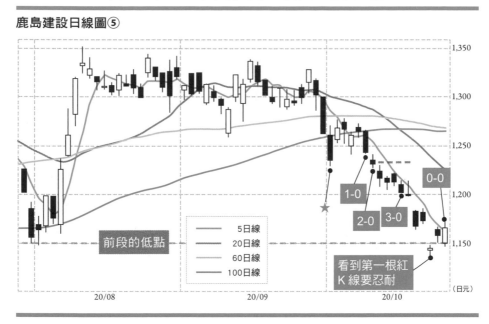

　　因此追加 1 個做空的部位，這樣就有 2 個做空的部位了，部位是 2 賣 0 買。

　　再看隔天，K 線在 100 日線之下，而且是 5 日線之下的黑 K 線。還不需要回補，再過不久應該 20 日線就會攢破 60 日線了。

　　加碼做空後第二天，同樣 K 線在 100 日線之下，也是 5 日線之下的黑 K 線，保持這樣的操作就好。

　　連續三天，股價都跌破震盪區間，因此你要遵照剛才的準則，建立第 3 個做空部位。

再看均線，20 日線摜破 60 日線，很接近 100 日線。K 線也都是黑 K 線。

下跌趨勢中出現第一根紅 K 線，別急著回補

這時候紅 K 線出現了，「黑 K 線在 5 日線之下才能做空」的準則被打破了。該回補還是做其他操作？這是不好決定的盤勢。

遇到這樣的情況，請遵循一條準則：**股價下跌的趨勢中，看到第一根紅 K 線要忍耐。**

所以照樣不要採取行動。隔天留下黑 K 線，你還不用回補。

接著，第二根紅 K 線出來了，但沒有在 5 日線之上。你可以選擇保留部位，但跌到前段低點*，可能遇到反彈的壓力，因此還是回補減少風險吧。

假設 1 個做空部位是 1,000 股，這次交易就賺了大約 30 萬日元。一次交易就賺 30 萬日元，兩次就賺 60 萬日元。

看完以上例題的解說，理解了多少呢？現階段理解三成左右，未來你也可以成為交易高手！

---

* 即近期的低點（K 線的下影線底部），股價跌到前段的低點可能會止跌，跌破低點後跌勢會更加猛烈。

03
從上下影線判斷該不該出手

上下影線較 K 線實體長，先別出手

第 02 節的線圖例題要看 K 線在 100 日線的上方或下方，來決定應對的方式。本節例題也是一樣。

圖 7 金色星號標記的 K 線在 100 日線上方。這是應該做多的格局。前文提到過，「紅 K 線在 5 日線之上，才能做多」。

根據圖 7，K 線同時在 100 日線和 5 日線上，而且還是紅 K 線。雖然是應該做多的格局，但這個紅 K 線的上下影線都比實體長。

股價不確定會往哪邊走時，就容易出現這樣的 K 線。所以，不要貿然出手比較好。

隔天 K 線也在 100 日線上，卻是黑 K 線。這時候也要耐心等待（見圖 8）。

又過一天，K 線同時在 100 日線和 5 日線上，而且還是紅 K 線。

圖7　雖為做多格局，但紅 K 線上下影線較實體長，不宜出手

王子控股（3861）日線圖①

圖8　黑 K 線在 100 日線上，也要耐心等待

王子控股日線圖②

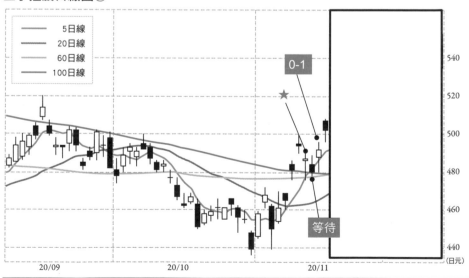

這樣就能安心出手，稍微做多。

先建立 1 個做多的部位。

為什麼不建立 2 個部位？因為 **100 日線和 60 日線很接近，20 日線在這兩條線下方**。當均線呈現這樣的位置關係，未來股價很難順利上漲。不曉得何時會跌，所以先做 1 個部位就好。

買入後隔天股價超過 500 日元，但沒有超越前段高點，似乎還有再往上漲的空間，所以繼續保留部位（見圖 9）。

圖 9　股價上漲但沒超越前段高點，繼續保留部位

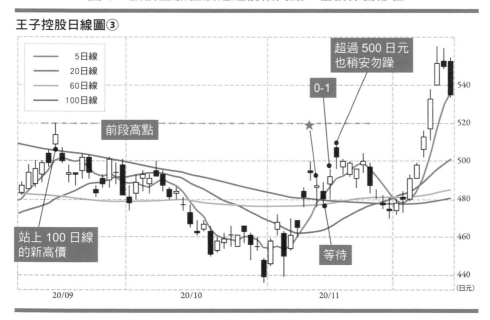

王子控股日線圖③

K 線持續震盪也沒突破前段高點，不好出手

觀察前段高點會發現，一直在 100 日線之下的 K 線，第一次在 100 日線上方，而且還創下高價紀錄。後來股價又跌破 100 日線，9 月～ 11 月始終無法向上突破。

股價雖然再次到 100 日線上方，但持續上下震盪，一直沒有突破前段高點。看得出來投資人也很猶豫該做多還是做空。

第 02 節我用棒球來比喻出手時機，像這種格局就是一連串的壞球。由於不是好球帶，你很難擊出安打。

現在超越了 500 日元的關卡*，K 線在 5 日線之下，一般人會考慮處理手中部位，但 K 線在 100 日線之上，而且還是紅 K 線，可先等待一天觀察看看（見圖 10）。

接下來，60 日線向上穿越 100 日線。本來 60 日線一直在 100 日線之下，現在兩邊的位置對調過來了。

一旦看到這樣的線圖，可以期待未來的發展，仔細觀察股價的動態。

---

* 股價走勢改變的起點。通常關卡都是整數的股價，或是前段高點、前段低點。

圖 10　60 日線向上穿越 100 日線，未來股價可期

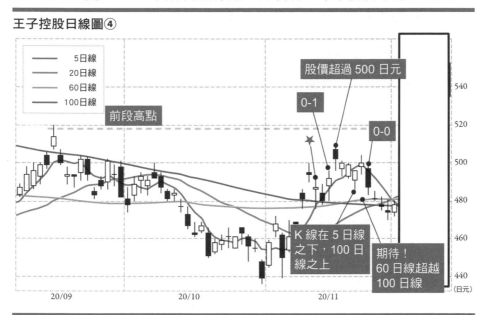

王子控股日線圖④

5 日線
20 日線
60 日線
100 日線

前段高點

股價超過 500 日元

0-1

0-0

K 線在 5 日線
之下，100 日
線之上

期待！
60 日線超越
100 日線

540

520

500

480

460

440

（日元）

20/09　　　20/10　　　20/11

5 日線下出現黑 K 線，須即時停損

不料，K 線來到 5 日線之下，而且還是黑 K 線。做多的準則是紅 K 線在 5 日線之上，所以這時候必須停損，出清部位。

畢竟未來有下跌的風險，停損才能規避風險。這一次停損，也不會蒙受太大的損失。

有些投資人遲遲不願停損，結果賠了幾十萬甚至上千萬。我開設的股票道場中，也有這樣的學員。

這種人躲不掉可規避的風險，也就是看到壞球還出手，結果放掉了真正的好球，最後被三振出局。

我的交易法只打好球帶，而且會在大賠之前妥善處置風險，因此不會造成無可挽回的巨大虧損。

事實上，賠超過 1,000 萬日元（約新台幣 250 萬元）的學員，在我的指導下也都連本帶利賺回來了。

20 日線未向上突破，仍有下跌風險

仔細觀察均線的動態，發現 60 日線向上突破 100 日線。如果維持這個走勢，換 20 日線到上面，形成 100 日線、60 日線、20 日線、5 日線依序並排的格局，這在相場流交易法中稱為 PPP[*]，屬於上漲的訊號。

話雖如此，圖 10 的格局還沒有真的呈 PPP，仍有下跌的風險。盤面有上漲的可能，但先不出手。

真要出手的話，目前 K 線在 100 日線之上，你應該做多。不過 5 日線上必須是紅 K 線的條件並未滿足，最好還是不要出手，以免承擔不必要的風險。

---

[*]　均線由上而下依序為 5 日線、20 日線、60 日線、100 日線，且方向全朝上。

接下來,K線在100日線之下,而且還是5日線之下的黑K線,照理說要做空。可是這裡的K線同樣有很長的影線,這是走勢不確定時容易出現的K線,也稱不上好球帶,請稍微忍耐一下。(見圖11)

這就好比圖7紅K線在100日線和5日線上,但紅K線有很長的影線,所以暫不出手一樣。

既不做多也不做空,在觀望的過程中,各均線呈現膠著狀態。

圖 11　K 線終於在 100 日線和 5 日線上方,可出手做多

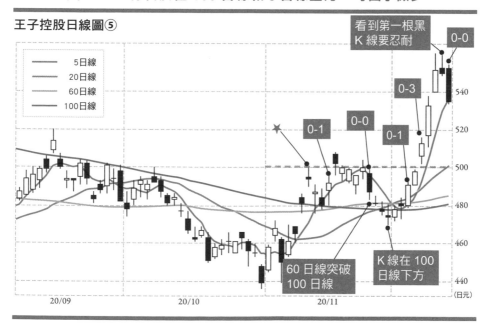

王子控股日線圖⑤

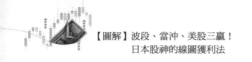

隨後 100 日線和 5 日線上終於出現紅 K 線，現在該出手做多了，先建立一個做多的部位。

由於 5 日線還沒超過 20 日線，沒有形成 PPP 的格局，做 1 個部位試試水溫就好。

做多後隔天又出現紅 K 線，5 日線也快突破 20 日線了。

這裡請思考一下 500 日元大關這個數字，過去股價突破不了 500 日元，呈現下跌的格局。500 日元是很難突破的關卡。

因此這時候的 500 日元大關有重大意義，一旦超越 500 日元大關就追加做多的部位。

何時該加碼？何時該出清？

第 02 節日本建設公司鹿島建設的線圖，股價跌到前段低點，後來甚至跌破支撐，所以追加做空的部位。

多頭格局也是同樣的操作。股價上漲到前段高點，而且突破壓力，就要追加做多的部位。

當股價真的漲過前段高點，也跨過 500 日元大關，均線也 PPP 了。這是顯而易見的好球帶。

追加 2 個做多的部位，現在你有 3 個做多的部位了。

部位增加到 3 個後，隔天均線持續 PPP，而且 K 線也是紅 K 線，續抱部位就好。

再來出現黑 K 線了，該怎麼做？

請回想第 02 節的情景。黑 K 線持續一段時間後，看到頭一根紅 K 線先稍安勿躁，不要急著出清手中部位。這個格局跟第 02 節一樣。

紅 K 線持續一段時間後，看到頭一根黑 K 線先稍安勿躁。

隔天，出現第二根黑 K 線了，這時就要出清手中的部位。

本節例題結束了，大家看懂多少？

跟前一節一樣，先看懂三成就可以了。還沒學到我交易技巧的精髓，先看懂三成就很了不起了。

04

留意股價變化，再決定要不要追加

　　第 02 節的「鹿島建設」靠做空獲利，第 03 節的「王子控股」靠做多獲利。

　　這一次來看 Z 控股*（4689），思考一下做法。

　　見圖 12，金色星號的 K 線是在 100 日線之上，還是之下？這個盤勢該做空，還是做多？

　　照理說是要做空吧？不過請仔細看 K 線的型態，同樣有很長的上下影線，因此先不要急著出手。

　　隔天 K 線同樣在 100 日線之下，但這一次是紅 K 線。由於局勢不明朗，還是不要出手（見圖 13）。

　　又過一天，黑 K 線出現在 100 日線和 5 日線之下，你可以建立 1 個空頭部位。

---

* 本來是日本雅虎，2019 年變更法人名稱。

圖 12　做多還是做空？先觀察 K 線與 100 日線的位置

Z 控股日線圖①

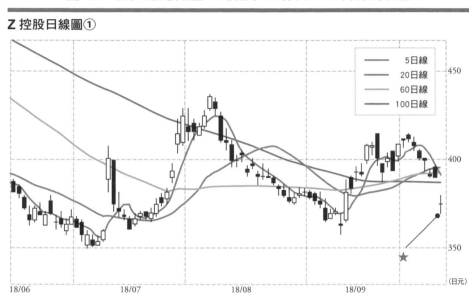

圖 13　局勢不明朗前，先別出手

Z 控股日線圖②

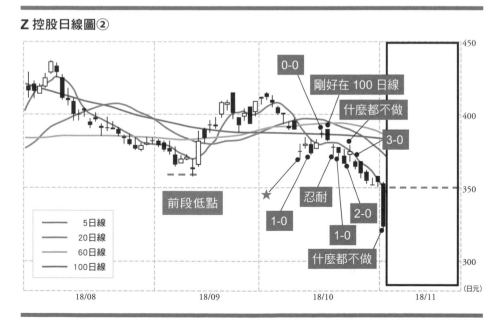

隔天，又變成紅 K 線，但沒有在 5 日線之上。

結果才過一天，就在 5 日線上方了，該怎麼辦？

應該出清手中的部位來規避風險。那交易就這樣結束了嗎？

我的交易法是成功率高達八成的交易技巧，就這樣放棄交易，是不是太可惜了？

可以**繼續嘗試**。

黑 K 線在 5 日線下，股價先上後下可追加做空

停損隔天，黑 K 線在 100 日線上。又過一天，K 線出現在 100 日線和 5 日線下，但同樣有很長的影線，所以要先忍耐。

再來黑 K 線出現在 100 日線和 5 日線之下，該怎麼做？「做空」才是正確答案，你要建立 1 個空頭部位。

隔天，跌破震盪的格局，該怎麼做？

這跟第 02 節的情況相同，因此你要追加做空的部位，等於有 2 個做空部位。

隔天出現紅 K 線，但在 5 日線之下，不需要多做什麼。

接著股價向下，而且是黑 K 線，這種情況記得另一條準則：

黑 K 線出現在 5 日線之下，股價先上後下，要追加做空部位。

請看均線的位置。20 日線攢破 60 日線，很快就要攢破 100 日線了，這代表下跌力道強勁。

追加 1 個做空的部位，這下你有 3 個做空的部位了。我們繼續看股價變化。

在持續下跌的格局，你要注意股價跌到 350 日元大關，還有前段低點的時候，股價到底是怎麼變化的？

到頭來，股價跌破 350 日元，大家是不是還想追加部位？

不過大幅下跌後，通常就接近底部了，也有反彈上漲的可能性，還是不要追加為宜。

均線出現「反 PPP」，繼續做空

至於均線的格局，60 日線攢破 100 日線，形成反 PPP[*]。

第 03 節的王子控股例題中，提到過 **PPP 象徵上漲的趨勢，而反 PPP 就是相反的格局。**

均線由上至下分別是 100 日線、60 日線、20 日線、5 日線（短期均線在最下面），這是股價會下跌的訊號。

---

[*] 均線由上而下依序為 100 日線、60 日線、20 日線、5 日線，且方向全朝下。

接下來，K 線是黑 K 線，但有兩天處於 5 日線之上（見圖 14）。所以先出清手中部位，落袋為安（手中無部位）。

均線是反 PPP，呈現下跌趨勢，只要股價又跌落 5 日線下，就繼續做空。

果然，黑 K 線出現在 5 日線之下，該做空了。由於均線是反 PPP，所以一次建立 2 個做空部位。

那這次的部位該何時出清呢？股價接近 300 日元大關了，300 日元是一個重要關卡，可能會形成支撐力道，因此先出清部位。交易到此也告一段落。

圖 14　均線紛紛向下，表示下跌力道強勁

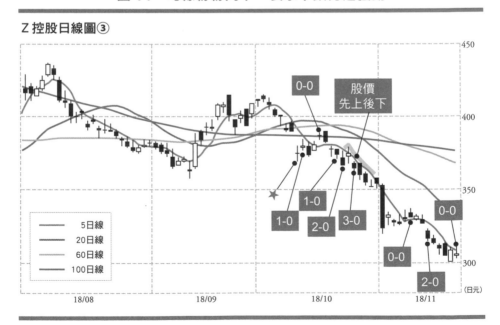

05 勝率高達八成，學員實證

成功的交易技術可以複製

前文我用 3 道範例，解說交易的技巧。

就算無法百分之百了解，只要大概知道我的技巧是怎麼回事就夠了。

可是範例中介紹的準則，純粹是一小部分的「技術」罷了。那是基礎中的基礎，千萬不要以為自己已經一窺堂奧，隔天就想殺進股海。

你還有很多東西要學，有些盤勢光靠前面的準則無法處理。

接下來只要學好更多的技術，絕對會有八成的勝率。十次交易有八次成功，可以獲得可觀的利潤。

請耐心看到最後，徹底學成相場流交易技巧，並且多加練習。

我再說一次，十次交易成功八次絕非難事。

為什麼我敢做出保證？因為成功的經驗是可以複製的。

連家庭主婦也能一年獲利翻倍

我想用學員寫給我的一封信，來說明什麼叫做可複製性。大家看完這封信，或許有機會改變自己的人生。

這是學員進行模擬交易後，算出這套交易法可創造的利潤。

錢不是一切，但很多事要有錢才做得到。正所謂錢不是萬能，但沒有錢是萬萬不能。

交易就是賺錢的一種手法，因此不能輕忽交易的成功機率。可複製成功的技術，才能讓你在股海中無往不利。相場流的交易技巧確實能複製成功的經驗，信上也明確指出了這一點。

　　我加入股票道場已經三年半了，我想印證自己學到了幾成火候，所以選定了一檔股票，遮住大部分的線圖，自己做虛擬交易，順便記錄結果，看看到底能賺多少錢。

　　我選的股票是鈴木（7269），每次交易 1,000 股，交易年限為 11 年。

　　模擬結果顯示，我的獲利超出預期。就算很長一段時間股價都波動不大，偶爾大賠一兩次，但在該出手時出手，該出清時出清，每年還是有頗為豐厚的獲利。

期間	獲利（單位：日元）
2008 年 3 月～ 2009 年 2 月	192 萬 9,000 元
2009 年 3 月～ 2010 年 2 月	136 萬 9,000 元
2010 年 3 月～ 2011 年 2 月	77 萬 1,000 元
2011 年 3 月～ 2012 年 2 月	123 萬 2,000 元
2012 年 3 月～ 2013 年 2 月	125 萬 4,000 元
2013 年 3 月～ 2014 年 2 月	200 萬 1,000 元
2014 年 3 月～ 2015 年 2 月	230 萬 8,000 元
2015 年 3 月～ 2016 年 2 月	137 萬 5,000 元
2016 年 3 月～ 2017 年 2 月	183 萬 3,000 元
2017 年 3 月～ 2018 年 2 月	187 萬 9,000 元
2018 年 3 月～ 2019 年 2 月	244 萬 2,000 元
	合計：1,839 萬 3,000 元

　　這樣一直練習下去，我養成冷靜的操作紀律，可以清楚看出危機，短期的股價變動也不會影響我觀望的定性。當然，多挑幾檔股票練習比較有效率，但集中研究一檔股票也是有好處的。

　　寫這封信給我的是一位 58 歲的家庭主婦，她從 2008 年 3 月開始練習交易，一直交易到 2019 年 2 月，每次都是 1,000 股。

　　鈴木當時股價差不多 2,000 日元（約新台幣 500 元），等於一次交易是 200 萬（2,000 元 ×1,000 股）日元（約新台幣 50 萬元），當年度的獲利是 192 萬日元（約新台幣 48 萬元）。

　　本金 200 萬日元加上獲利 192 萬日元，等於 392 萬日元（約新台幣 98 萬元）。也就是說，她一年就讓自己的本金多出近一倍。

　　第二年她沒有投入獲利的 192 萬 9,000 日元（約新台幣 48 萬 2,250 元），而是照樣用 1,000 股來操作，結果獲利高達 136 萬日元（約新台幣 34 萬元）。

　　她沒運用複利的效果（保留獲利，只用固定資金操作），每次都是交易 1,000 股，11 年交易下來，也賺到了約 1,900 萬日元（約新台幣 475 萬元）。

　　如果她用第一年的獲利，放大第二年的操作槓桿；再用前兩年的獲利，放大第三年的操作槓桿。依此類推，這 11 年的獲利絕對破億。

該出手時出手，該出清時出清

　　這封信中還有一個很棒的建議，很適合初學者：

就算很長一段時間股價都波動不大，偶爾大賠一兩次，但在該出手時出手，該出清時出清，每年還是有頗為豐厚的獲利。

「在該出手時出手，該出清時出清」這是非常重要的觀念。

喜歡交易的人一看到股價波動不大，就會失去耐心，急著出手。以棒球比喻，就好像打者一直碰到壞球，就急著想出棒一樣。問題是，打壞球是很難擊出安打的。

所以要等待好球，等到好球再出手，自然會有好結果。

「在該出手時出手，該出清時出清，每年還是有頗為豐厚的獲利」這段話就是這個意思。

這就是我說的，相場流交易法可以複製成功經驗的意思。後來那位主婦告訴我，她明白了這個道理後，交易起來也充滿自信。

換句話說，只要你相信我的方法，平常勤於練習，假以時日一定會賺到錢。

這位學員並不是特例，我的其他學員也用這套技巧操作各檔股票，每位都獲得很不錯的成果。

因為可以複製成功的經驗，所以勝率高達八成。沒用的方法你花再多時間學也沒用，唯有學習驗證過的投資絕技，你付出的努力才會得到回報。

06

投資失利不是技巧無效，
而是跟熟練度有關

學到技巧後，還要強化心態、修正錯誤

不過有一點要留意，那就是你實際交易時會遇到的狀況。就算你看完本書，學會了書中介紹的技巧，實際開始交易還是會失敗，這時候心態非常重要。

我跟職業網球選手錦織圭有私交，平常也有跟他交談的機會（我是他的贊助商，盡可能提供援助）。

假設他花了 3 個小時，在會議室教我發球的技巧。他是日本第一高手，在世界體壇上也享譽盛名，跟他學 3 個小時，照理說我應該也會變高手才對。

可是我實際站上網球場發球，還是打得一樣糟糕。這時候，如果我抱怨他教的技巧是騙人的，請問你會作何感想？

大概會覺得是我有問題吧？也就是說，錦織圭選手教的是貨真價實的技巧，是我自己用不出來罷了。

同樣的道理，如果你在股海失利，那也不是我的技巧騙人，而是你可能有某些錯誤的認知。

所以當你的交易結果不如預期，請反省自己是否有理解錯誤的地方，重新閱讀一次，不要急著丟掉本書。

有些地方你可能以為自己看懂了，其實根本沒看懂。也有可能你看到的好球帶，其實統統都是壞球。多加反省苦思，你就會發現自己交易上的失誤。

當你發現自己失敗的原因，持續修正錯誤，你一定會像前述的家庭主婦一樣，擁有極高的勝率。

本章最後，我再介紹另一位學員寫的信，希望可以激發你的信心和幹勁。

感謝老師提供寶貴的建議。

之前我都是順勢操作，今天出清了不少多頭部位。

我打算觀望一陣，冷靜判斷局勢。

值得慶幸的是，這個月我已經賺到 186 萬 2,533 日元了（約新台幣 46.5 萬）。

> 　　退休以後，每天看盤交易是我最大的樂趣。那時候我不懂得等待，每天都在尋找適合交易的標的，選了一大堆股票，好像不交易就全身不對勁一樣。現在回想起來，我當時得了一種不交易就會死的病*。
>
> 　　接下來，我會審慎選擇適合投資的標的來操作。

　　這封信開頭提到的「寶貴的建議」，是我寫給學員看的操作心得，內容如下：

　　有些人在 PPP 的盤面賺到錢，結果 PPP 的盤面結束後，股價呈現膠著狀態，他們又把獲利吐回去了。等於之前全部做白工，而且這種人還不在少數。原因在於，趨勢已經產生變化，他們還是用同一套手法交易。於是之前賺的獲利全部吐回不說，甚至還侵蝕到本金。

　　這位聰明的學員看完我的建議後，立刻在盤面反轉時出清手中的部位。而且他沒有隨便亂交易，只有抓到股價趨勢才會出手，自然大賺特賺。

　　他本來在一家大企業上班，年近 60 歲才加入我的股票道場。後來他拚命學習技巧，過了 60 歲後不顧親友反對，毅然辭去工作，開始專心做股票，現在每個月都有約 200 萬日元的獲利。

---

* 　急著想出手，建立太多不必要的多頭或空頭部位。

　　這兩封信都證明了一點，只要精通我的交易法，絕對有辦法賺到大錢。諸如此類的成功案例不勝枚舉，很多學員也都分享了他們的成功經驗。

　　本章介紹了 3 道基本例題，以及學員們寫給我的信。相信大家已經明白，**相場流交易法是可以複製成功經驗的技巧，謹守順勢操作的原則就能賺到大錢。**

　　請信任相場流交易法，安心研讀本書！努力一定會有回報，我門下的學員將近三千人，成功者更是不計其數，我敢向大家保證。

第 2 章

靠線圖獲利的
判讀關鍵和獨門技法

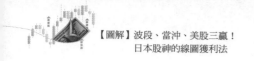

07

投資高手不可或缺的
3 大判讀關鍵

投資要獲利，不靠天賦和運氣，而是靠技術

看完第 1 章的範例解說，相信大家應該了解相場流交易法的概略了。

本章我會介紹一些實踐相場流交易法不可或缺的關鍵技巧。

提到「技巧」，我時常告訴大家，股票講究的就是技巧，而我也以投資達人的身分自居。

投資股票不需要特殊的才能或資質，跟運氣好壞也沒有關係。投資股票其實跟工匠鑽研技藝差不多，擁有一流手藝的工匠，可以靠自己的手藝過一輩子。同樣地，精通投資技術的高手，也能賺到穩定的獲利。

掌握判讀關鍵要像工匠善用工具

工匠的技術，其實就是使用工具的技術。而投資主要會用到三大關鍵：

- **K 線**

- **均線**

- **股價關卡**

K 線分黑 K 線和紅 K 線；均線有分 5 日線、20 日線、60 日線、100 日線；股價關卡分 1,000 元大關、500 元大關、100 元大關等。

圖 15　投資高手的 3 大判讀關鍵

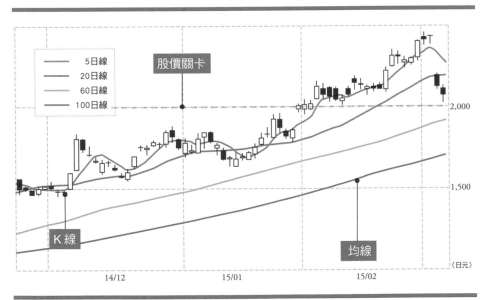

這些是整數的股價，除此之外，還有前段低點、前段高點。不同的股票也有不一樣的關卡。

基本上投資股票就靠這 3 項關鍵，用這些工具掌握股價脈動，預測未來的走勢，這就是所謂的投資技巧。

就像菜刀是廚師的生財工具，同樣一把菜刀在不同人手裡，做出來的菜色好壞也完全不一樣。一道菜好不好吃，主要還是看廚師的手藝。

所謂的手藝就是技術，技術要每天鍛鍊才會進步，交易也是一樣的道理。請大家好好學習，徹底掌握交易的技術。

08

提高勝率的 5 種獨門技法

透過第 1 章的範例解說，應該大致了解股票交易在做什麼了。

不過真的輪到自己實際操作時，應該還是會猶豫不決。再重申一次，現在懂個三成就差不多了。

千里之行始於足下，我歸納出了 5 個重點，這些重點是精進交易技術的第一步：

- 波段操作

- 抓正中直球

- 打不死的 PPP

- 5 日線、20 日線、60 日線「分歧」

- 5 日線的 M 頭、W 底

在詳細解說前，我先大致說明一下各重點的內容。

波段操作

所謂的波段操作不是買一檔股票抱好幾個月，而是在一到兩週內獲利的交易方式。

抓正中直球

在上漲或下跌趨勢不明朗的狀況下，絕不交易，只在可以精準預測的狀況下出手。如此一來，勝率自然提升。我會告訴大家如何抓這種「正中直球」。

打不死的 PPP

大家可能無法理解「打不死」是什麼意思，簡單說，PPP 就跟小強一樣，怎麼打都打不死，你以為牠死了，結果牠還動來動去。聽我這樣講，大家更糊塗了吧？

沒關係，看完後文的解說，你就會認同我的說法了。相信你也會覺得我的形容很貼切。

5 日線、20 日線、60 日線「分歧」

所謂的「分歧」，是用 5 日線、20 日線這兩條平均線，來預測上漲和下跌的技術。這一次我還加了 60 日線來判讀，說明穩定的獲利方法。

5 日線的 M 頭、W 底

最後我要談的是趨勢反轉的訊號，也就是股價在底部和頂部，容易出現哪些訊號。

提高獲利能力的 3 大訊號

要抓到「正中直球」，必須弄清楚目前的狀況，看出上漲或下跌的訊號，同時避開不好判斷的盤勢。

訊號看得越多，精確度當然越高。

最理想是看 3 個訊號，用「PPP」、「分歧」、「M 頭和 W 底」等訊號來判斷多空，提升自己的勝率。

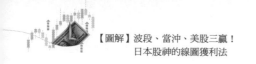
09

比長期持有獲利更高的波段操作

環境瞬息萬變，市場隨時有暴跌危機

先從「波段操作」講起。所謂的「波段操作」，就是一檔股票不要放個一年半載。

不管做多或做空，出手後一、兩週內就要獲利，**最多放 1 個月就該出清，停損也要盡快認賠殺出。**

為什麼要盡快獲利了結或停損？

這是有理由的。在景氣大好的年代，股票買來放著就會一直漲，而且還有無償增資*這一類的好處。

反觀現在，股價漲不停、好處拿不完的時代已經過去了，這點放諸四海皆準。全球充斥各種戰禍、恐攻、天災、疫情，股價隨時

---

*　無償分配新股給股東，意在回饋股東。具體方法是分割股票，增加股東的持份。

都有可能暴跌。

所以，你應該用波段操作的方式買賣，盡可能規避風險，將獲利極大化，而不是買來抱著不放。

波段操作利潤是長期持有的 20 倍

再來我會告訴大家，波段操作具體該怎麼做。

請想像一下「手風琴」。手風琴是一種有彈性的樂器，演奏者必須反覆壓縮延展，才能演奏出音樂。

股價的線圖也是如此，圖 16 是日本製藥公司武田製藥（4502）的線圖。股價也同樣是高高低低，狀似高山和低谷。利用股價的高低波段，可以賺到極大的利潤。

手風琴一直保持在壓縮或延展的狀態，無法彈奏出音樂。演奏者要反覆壓縮延展，才彈得出豐富多變的音色。

同樣的道理，一檔股票買來抱著不放，也賺不到多大的利潤，你應該利用股價高低起伏，來擴大獲利。

現在來說明日本製藥公司武田製藥的線圖（見圖 17）。

假設，你在 2019 年 8 月，以 3,500 日元（約新台幣 875 元）的價格買進一個單位（100 股）。一年後，2020 年 7 月漲到 3,800

圖 16　可以操作股價的高低波段，擴大獲利

武田製藥日線圖①

圖 17　同一區間，波段操作獲利相差 20 倍

武田製藥日線圖②

日元左右（約新台幣 950 元）。

　　換句話說，一年差不多漲 300 日元（約新台幣 75 元），如果你買了 1,000 股，等於有 30 萬日元（約新台幣 7 萬 5,000 元）的獲利。

　　這段期間內，一共經歷了①上漲、②下跌、③下跌、④上漲、⑤下跌……的走勢。從①到⑱的波段，每一個波段都順勢操作的話，獲利又會如何呢（見圖 17）？

　　也就是說，在低點買進，等漲到高點賣出，或在下跌時做空，在底部獲利了結，之後再做多賣出……持續進行買賣來獲利。

　　④到⑰的波段操作，平均每 1 股的獲利大約 7,000 日元（約新台幣 1,750 元），這裡先假設每段都有賺到，交易 1,000 股等於賺 700 萬日元（約新台幣 175 萬元）。

　　長期持有和波段交易的利潤差了 20 倍以上。

　　長期抱著一檔股票，一年了不起賺 30 萬日元，波段操作可以賺到 700 萬日元。同一檔股票利潤差了 20 倍以上，光是操作武田製藥一檔股票，年收就有 700 萬日元。

　　波段操作和單純持有，結果可謂天壤之別。

假設閱讀一篇財經新聞，專家說武田製藥未來展望不錯，持有一年會漲 1.5 ～ 2 倍，於是你乖乖照做，買進後就一直放著，那你就只能賺到 30 萬日元。但若進行波段操作，獲利反而更為可觀。

我把這種短期波段操作，稱為「手風琴操作法」。不要忽視這套方法的效益。

判斷走勢不用 5 分鐘，也不用天天盯盤

武田製藥的線圖乍看之下起伏頻繁，你可能以為買進這檔股票，每天都要在電腦前面盯盤，操作起來應該很累，一般上班族根本沒這種時間。

可是，①這個波段漲了大約 1 個月，②這個波段跌了半個月，③這個波段跌了 1 個月，④這個波段漲了大約 1 個月。換言之，漲跌的區間差不多是 1 ～ 2 個月，快的話半個月就走完波段了。

所以，**你只需要抓半個月到 1 個月的波段就好，1 個月頂多交易一次，最多也就是 1 ～ 2 次罷了。**

的確，你在 3,500 日元的價格買進，抱股一年就可以賺 300 日元價差，這麼做是比波段交易輕鬆。但波段交易每個月才交易一次，稱不上是殺進殺出的忙碌交易。

更何況，你也不用開盤時一直盯著盤面。

每晚看一下當天的線圖，思考交易的策略，隔天再下單就好，或在下午 2:30* 以後看一次線圖就夠了（也就是東證收盤之前），那時候當天的 K 線就差不多明朗了。

看一下線圖，用我教你的線圖技術預測未來走勢。

只要你有打好基礎，判斷一檔股票的走勢用不了 5 分鐘。不必每天殺進殺出，更不用在電腦前面盯盤。

靈活操作，多空都能安心賺

波段操作不必殺進殺出，又有可觀的獲利。最重要的是，這種交易方法很安全。

請看圖 17 的金色星號，假設你在那天以 3,500 日元的價格買進武田製藥。

一開始你看股價順利上漲，原以為會一直漲下去，不料在波段⑪反轉向下，到了波段⑭你反而還倒賠。

請試著想像一下，投資人在這個下跌趨勢中（波段⑪到波段⑭），會有什麼樣的心理變化。

---

* 日本下午收盤時間為 3:00。此指約收盤前半小時。台灣交易時間為上午 9:00 至下午 1:30。

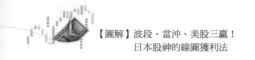

　　如果你是在 3,500 日元買進的投資人，一顆心肯定七上八下吧？看著手中的獲利持續減少，應該會想要趕快出清持股。結果你認賠殺出，剛好賣在最低點，股價又漲起來了。

　　如果是波段操作呢？你可以在股價剛要反轉的時候，先出清手中的部位，然後再換一個方向操作。**用靈活的方式操作，不管盤面大漲或大跌你都賺得到**，也不用整天看著股價變動提心吊膽。

　　這套方法很安全，又不用煩惱太多。希望大家在交易的時候，要記得這個觀念。

線圖反映人性，任何股票都適用波段操作

　　相場流交易法的高手在尋找交易標的時，考量的不是企業的基本面。**因為股價的變動，完全取決於市場的供需平衡。**

　　所謂的供需平衡，是指買方和賣方的勢力消長，而供需平衡又受到投資人的心理影響。

　　什麼樣的心理影響？簡單說，就是追高殺低的心態。這種心態會清楚呈現在線圖上，投資人的心態從以前到現在，一直沒有太大的改變。

　　換句話說，線圖的走勢反映人性，跟過去的走勢不會有太大的差異。股價不外乎就是先漲後跌，跌完再漲的過程。線圖走勢是有

跡可循的，你可以從線圖預測未來的走勢。

觀察武田製藥的股價變動。你以為 9 ～ 11 月上漲，是業績好才漲上去的嗎？ 11 月到隔年 1 月股價持平，是因為業績平平？ 1 ～ 3 月下跌，是業績衰退的關係？

會漲是因為買方強勢；持平是多空抗拒；會跌是因為賣方強勢。

股價變動是看市場的供需平衡，而不是基本面。

如果看財報分析股票，交易絕對無法應付快速變動的股價。

就算你預測 1 年後業績大好，事先買來放著 1 年，1 年後你也只賺得到 30 萬日元（1,000 股的獲利）。

不要看基本面，看技術面來決定交易策略，用波段操作 1 年能賺進 700 萬日元，而且更加安全。

這個道理不只適用於武田製藥，有一定成交量的股票，股價變動都是順應這個道理。

「相場流交易」要找有一定成交量的股票，所以主要操作東證第一部上市股票 *，還有 JPX400（日經指數 400）†的股票。

觀察各檔股票的線圖，就會發現波段操作確實有效。

---

* 擁有一定規模的大型企業。
† 日本交易所集團和日本經濟新聞社共同編製的股價指數，以 ROE 和營業利益率為基準挑選出 400 檔成分股。

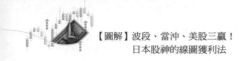
10 操作像打棒球，遇到好球再出擊

專挑好時機再出手，普通人也很難失敗

第二大基礎思維就是「抓超級好球」。

我是用棒球的好球來做比喻，而且這裡指的超級好球，也就是輕輕一敲就能擊出全壘打的正中直球。

這是我從職棒選手落合博滿的格言中獲得的體悟。2017 年，我跟落合博滿在股票道場的新年會上談天，我問他是怎麼當上三冠王的。他給了我一個很明確的答覆：

我都只抓正中直球打，所以很容易敲出安打和全壘打。

那一瞬間我頓悟了。

股票買賣也是一樣的道理，專挑好球帶出手不就好了嗎！

換句話說，不要在多空不明的狀況下出手，專挑趨勢明朗的時

候進場，失敗的機率就微乎其微了。

遇到壞球還出手，很容易揮棒落空，即使打出去了，頂多也是滾地或高飛接殺；抓正中直球打，很容易打出安打和全壘打。

交易也是要挑「正中直球」出手。等有足夠的經驗，技術爐火純青後，就不用只抓正中直球，一些比較困難的內外角、高低變化球，也可以挑戰，試試看該如何擊出安打。

你不需要當專業的營業員或操盤手，光是會抓正中直球，每個月交易 1 ～ 3 次，用前文提到的波段操作法，一年要賺到 700 萬日元不是問題。

只抓正中直球聽起來很簡單，實際上到底該怎麼做？

有些變化球看似正中直球，到了打者前方卻突然下墜。要忍住這種球不打，只抓真正的直球並不容易。

你要有足夠的技術看穿球路。

接下來，我會告訴大家如何看穿好球帶，尤其是正中直球。

從 100 日線和 5 日線找出未來走勢

要抓正中直球，請先看 100 日線。大家回想一下第 1 章的準則。

K 線在 100 日線上，基本上要做多而不是做空；反之，K 線在

100 日線下，基本上要做空而不是做多。

先記熟這一條準則，再確認「下半身」，你就可以判斷是不是正中直球了。

大家可能不了解，確認下半身是什麼意思，所謂的下半身，就是 5 日線持平或向上的時候，紅 K 線的實體有一半以上在 5 日線之上。

反之，5 日線持平或向下的時候，黑 K 線的實體有一半以上在 5 日線之下，就是所謂的「反下半身」。

圖 18 　「下半身」和「反下半身」線圖

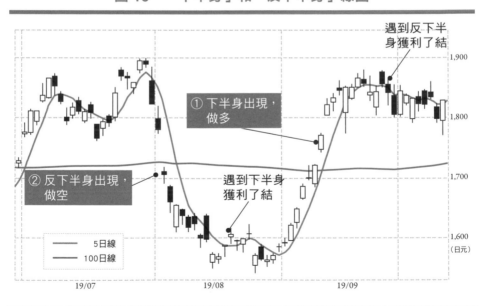

100 日線判斷多空，加上這條「下半身」準則，就會得出以下的結論：

- **K 線在 100 日線上，而且出現下半身，記得做多。**
  →遇到反下半身就要獲利了結。

- **K 線在 100 日線下，而且出現反下半身，記得做空。**
  →遇到下半身就要獲利了結。

這種搭配 100 日線和 K 線的技巧，適合初入股海的新手，屬於比較保守的做法。技術純熟的高手，可以更早抓到趨勢出手。

不管是做多還是做空，該出清部位的時候千萬不要拖。

見圖 19 日本大型海產品公司日本水產（1332）的日線圖。首先來看空頭趨勢的正中直球。

請看均線的排列方式。大致上維持 100 日線在上、60 日線次之、20 日線第三、5 日線吊車尾的狀況。

這個排列代表目前走下跌趨勢，第 03 節中，有提到上漲趨勢的 PPP。此處範例的狀況剛好相反，是代表下跌走勢的反 PPP。

想當然，看到反 PPP 要以做空為主。

還有，圖 19 上畫斜線的地方，K 線都在 100 日線之下，5 日線也向下走，跌勢的起點又有反下半身，這就是所謂的正中直球。

圖 19　均線呈反 PPP 走勢以做空為主，搭配反下半身出手

日本水產日線圖①

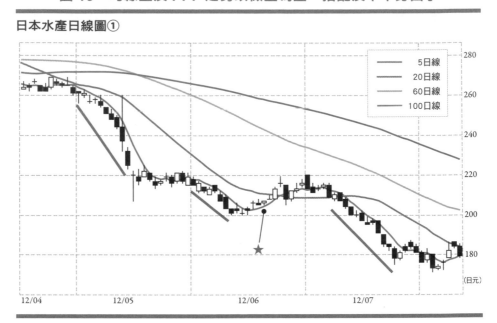

跌深反彈該不該買？

後來跌到一半又漲上去了。

我知道有投資人會問，這種跌深反彈的格局該不該買？

首先，見圖 19 的金色星號處，這裡的上漲趨勢不該出手。因為這不符合正中直球的準則，失敗的機率非常高。

就算看到紅 K 線才出手，之後可能又會出現黑 K 線，或是看到多空不明的影線，到頭來還是會跌。

如果你每天勤於預測走勢，而且有足夠的交易經驗，當然還是有辦法抓到趨勢，但失敗的機率太高了。

圖 20 的灰色星號處也是風險很高的格局。你以為它漲了，結果它又跌給你看；然後再稍微漲上來一點，沒多久又下跌。這種交易難度很高，而且獲利又低。

更何況灰色星號處，你是回過頭來看完整的線圖，才會以為有利可圖。事實上，真的在交易的時候，無法判斷這個起漲點會漲到什麼地步。

圖 20　K 線未出現反下半身線圖，不要出手

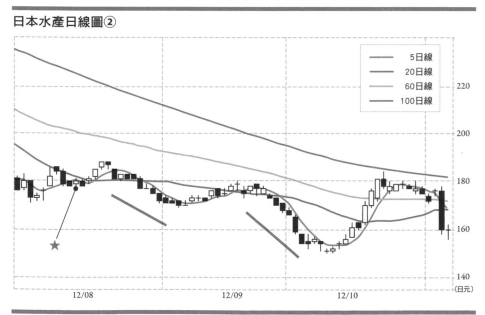

日本水產日線圖②

再者，均線的排列是反 PPP，屬於下跌趨勢。因此短暫的反彈很有可能會再次反轉向下。

當你猶豫盤面會漲還是跌的時候，十有八九都是會跌。這種時候不要挑戰機率，才可以規避風險。

高手是有辦法做這種盤，但初學者還是乖乖抓正中直球吧。

抓住波段走勢，每月交易一次也有可觀獲利

再來看圖 21，我會告訴大家怎麼抓空頭的正中直球。

一開始的正中直球（做空①），仔細一看你會發現 100 日線在 60 日線之下。反 PPP 的線圖應該是，100 日線在 60 日線之上。

大家可能會問：「這不是反 PPP，算得上正中直球嗎？」

的確，100 日線不在 60 日線之上，但 60 日線、20 日線、5 日線由上至下排列，5 日線雖然很接近 20 日線，但沒有向上突破，而是調轉向下（這又稱為「分歧」走勢，我會在第 12 節詳細說明）。

這時候，儘管 60 日線在 100 日線之上，但考量到 60 日線的角度，還有 5 日線和 20 日線「分歧」的走勢，照理推斷 100 日線和 60 日線的位置關係，很快就會調轉過來。這種情況未來很可能大幅下跌。

因此先在這裡做空，等股價持平跌不動了，再出清手中部位。

之後的跌勢繼續做空（做空②），股價跌到 200 日元（約新台幣 50 元）大關時出清。看到反彈也不要出手，等再次下跌時繼續做空（做空③）。這就是空頭正中直球的波段操作法。

圖 19 和圖 20 記錄的是半年多的走勢。正中直球總共有 5 次之多。半年有 5 次機會，形同 1 個月交易 1 次就好，不用每天殺進殺出，抓正中直球交易就有可觀的獲利。

圖 21　找出波段做空的最佳時機

日本水產日線圖③

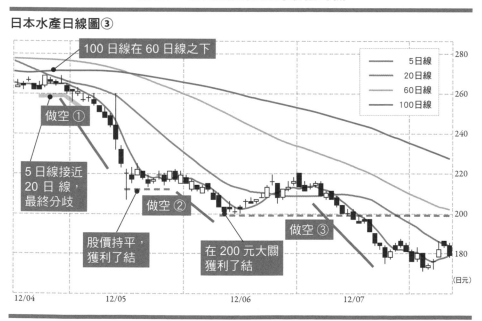

累積線圖資料庫，每檔股票都能預測

前文提過線圖走勢其實有跡可循，「日本水產」的走勢也一樣。

圖 19、20 是 2012 年 5 月到 2012 年 10 月的走勢，但日本水產在其他期間，也有類似的走勢發生。

而且不只日本水產如此，幾乎所有個股都有類似的格局。

舉凡日股、美股、商品期貨、外匯都一樣。只要出現類似的格局，就會有極相似的走勢。

你留意的其他股票，在某些情況下一定也有日本水產的走勢。

多看一些類似的線圖，記在你的腦海裡，像一台電腦。用自己的眼睛去看、去確認，這才是最棒的學習方法。

日後你在其他股票看到類似的走勢，腦中的 AI 就會自動調出以往的資料，告訴你接下來可能會跌，你就可以抓空頭的正中直球操作了。

記得要多看多學，才能練到這樣的境界。

接下來，我會說明多頭的正中直球怎麼操作。

初學者在上漲趨勢中，別貿然做空

圖 22 是日本建造商積水房屋（1928）的日線圖。

請思考一下，這跟剛才的日本水產哪裡不一樣？

這線圖一看就知道，是很明顯的上漲趨勢。

均線的排列方式呢？

均線一開始持平，後來有顯著的上漲趨勢。由下至上分別是
100 日線、60 日線、20 日線、5 日線，是很典型的 PPP。

圖 22　找出波段做多的最佳時機

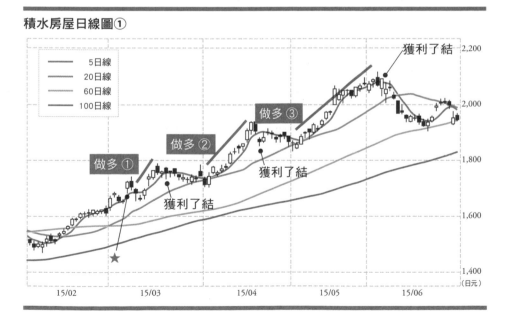

積水房屋日線圖①

K線在 100 日線之上，而且又是 PPP，基本上你要做多。那在哪個部位出手才算正中直球呢？

在整個上漲趨勢中，有三個先跌後漲的波段（做多①、做多②、做多③）。

再深入解釋一下，請看圖 23。

20 日線持平的那段時間，是難以預測走勢的格局，交易起來也頗有難度。

這種區間震盪上上下下，做多會跌，做空會漲。因此初學者最好不要貿然出手。

等有足夠經驗，或許能練就出操作短線的技巧。

2015 年 2 月灰色星號的地方，也是不容易操作的格局。不過，當時 PPP 的排列方式已經快完成了，5 日線也向上走，紅 K 線還在 5 日線之上。經驗夠的人，看到這種趨勢就知道要出手。

回頭來看圖 22。PPP 從做多①的金色星號開始成形，已經稱得上是做多的正中直球了。漲了就買（做多①、做多②），看到黑 K 線（反下半身）就獲利了結。之後的跌勢不要妄動。

過程中有一些跌深的格局，最好不要貿然做空比較好。因為 5 日線和 K 線都還在 100 日線之上，基本上還是適合做多的格局，並不是做空的正中直球。

圖 23　K 線震盪時，不要貿然出手

積水房屋日線圖②

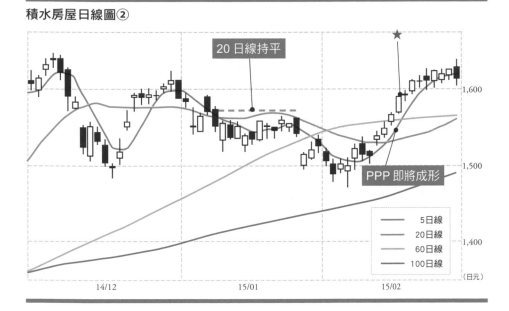

但等技術爐火純青以後，就可以試看看了。

下跌趨勢不出手，5 日線也沒有攢破 60 日線，等漲上去再做多，之後同樣看到黑 K 線獲利了結，才是安全的交易方式。

初學的時候不要冒險，練習抓正中直球就好。

日本水產和積水房屋這兩個範例，說明了如何找做空和做多的正中直球，這個道理可以應用在各檔股票上。

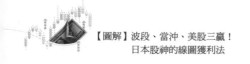

11

做空軋空、做多殺多的重要警訊

均線走勢依序向上，一時下跌還是會漲回

前文已經大略解釋過 PPP 和反 PPP 了，這是均線呈現漲、跌趨勢的排列法。那麼前文提到「PPP 像小強一樣打不死」又是什麼意思？

意思就是，不管你怎麼打牠還是會復活。大家更聽不懂了吧？

以前一節積水房屋日線圖①來說明好了，線圖中的均線是 PPP，屬於上漲的局勢（見圖 24）。

看到這張線圖的漲勢，有些人可能會想，都漲這麼多了，黑 K 線出來就該跌了吧？於是嘗試做空，不料跌沒多久又漲回來了。這時候還是不死心，等到下一次跌勢出現，又鼓起勇氣做空，以為這次十拿九穩。結果多頭氣勢再起，又被軋到天上去了。

使用我的交易法，就算看錯趨勢做空，只要看到下半身出現就停損，照理說不會有太大的損失。

圖 24　PPP 中遇到跌勢，以為要下跌卻又漲上來

積水房屋日線圖①

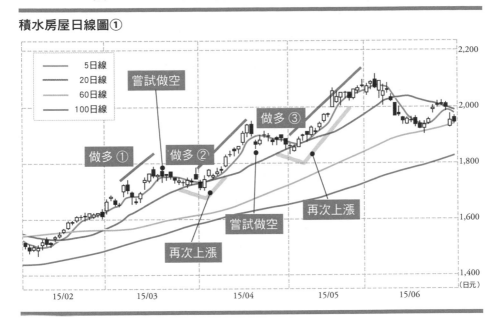

可是有的人交易形同賭博，總想做一次連本帶利討回來，相信不少人都有類似的經驗吧？

以 PPP 的圖形來說，**當每條均線之間有很大的空隙，或是均線呈現急角度，這就是漲勢或跌勢強勁的訊號。**

積水房屋的日線圖，就是多頭氣焰強勁的走勢。所以一時下跌後還是會漲回來。

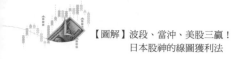

均線間的空隙大、角度急,表示趨勢強勁

看圖 25 日本水產的日線圖,是下跌趨勢的反 PPP。這張線圖也一樣,均線之間空隙很大,而且呈現急角度落下。

K 線也離 100 日線有一段距離,這代表最近的股價遠低於過去 100 日的平均股價,也意味著跌勢強勁。

因此反 PPP 的格局,跟剛才的積水房屋完全相反。當你以為跌到底部反彈了,一買進卻跌給你看;跌完再漲起來,你再次買進卻又跌給你看,損失也越來越大。這樣的狀況其實屢見不鮮。

圖 25 反 PPP,當以為要漲了卻又開始跌

日本水產日線圖①

均線之間空隙很大,而且呈急角度落下

5日線
20日線
60日線
100日線

做空①

做空②

做空③

K 線離 100 日線有一大段距離

(日元)

12/04   12/05   12/06   12/07

82

短期波動不影響「PPP」和「反PPP」走勢

當你以為 PPP 終於下跌，卻又漲上來；當你以為反 PPP 止跌回升，卻又跌下來。這兩種走勢都十分強勁，短期的波動並不影響大趨勢。

這種現象，就跟打不死的「小強」一樣吧？所以我才把 PPP 稱為打不死的「小強」。

這是我實際操作多年的感想，我一些交易經驗豐富的學員，也都有這樣的感想。可不是我信口胡謅的。

該跌不跌，做空軋空；該漲不漲，做多殺多。只要你踏入股海交易，很容易碰到類似的狀況。

因此不管是看到 PPP 還是反 PPP，你都要把它當成打不死的「小強」。

看到 PPP 好像要跌了，也不要貿然做空；看到反 PPP 好像要漲了，也不要貿然做多。這一點請務必牢記在心。

萬一漲勢或跌勢真的結束了，趨勢順利反轉，你也只是失去買賣的機會，並沒有損失到金錢。

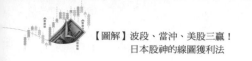

不要想抄底才能規避風險、穩定累積資產

比方說，現在出現了一個跌深反彈的格局。

K 線在 100 日線之下，均線也呈反 PPP，你預測之後會續跌，沒有出手做多。不料走勢已經跌到底部，之後股價一路上漲。這時候後悔沒有買，實屬人之常情。

有的人會炫耀自己買在最低點、賣在最高點。問題是，有可能每次都買在最低點嗎？他們一定也有看錯底部的時候。

不刻意抄底，雖然無法賺到最大的上漲波段，但至少不會面臨看錯大賠的風險。從長遠的角度來看，你可以穩定增加自己的資產，不會侵蝕到本金。

所以當看到 PPP 的格局，要時時刻刻提醒自己，那是小強般的走勢，怎麼打都打不死，千萬不要逆勢操作。

為什麼我要再三強調這一點？因為道理大家都懂，但實際交易的時候，人性就是克服不了誘惑。

你不時時刻刻提醒自己，就會忍不住在空頭趨勢做多，或在多頭趨勢做空，這是拿你自己的錢在冒險。

了解道理是一回事，實戰能不能遵守又是一回事，尤其越聰明的人越會犯這個毛病。就是太聰明了，才會以為自己實戰無往不利。我多年來看過很多學員，感觸非常深。

再重申一次，PPP 的走勢是打不死的「小強」。

我知道，一定會有人嫌我嘮叨。但就是因為很難做到，我才要一直耳提面命。

「PPP 的走勢是打不死的小強」最好把這句話貼在家中的廁所、天花板或汽車的引擎蓋上。你要貼在鄰居家的窗戶上我也不反對。

總之要牢記在心，把這個觀念當成一種安全交易的技術，好好學起來。

第 **3** 章

精準預測買賣時機的
三大訊號

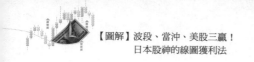

12

判斷多空反轉的重要訊號——
分歧

第 2 章提到，抓準正中直球進行波段操作，可以穩定增加獲利。並且要把 PPP 當成打不死的小強，遇到短暫的回跌或反彈，也不要貿然逆勢操作。

本章我會教大家，如何利用均線抓正中直球，讓你交易無往不利。

具體來說，我會介紹上一章沒講到的最後兩大技法。

• 5 日線、20 日線、60 日線分歧

• 5 日線的 M 頭、W 底

上漲趨勢中均線分歧，只是漲多回跌

我用日本軟銀集團（9984）的線圖來說明。

圖 26 我只有標出均線。線圖大致上維持著 100 日線在下，60 日線和 20 日線居中，5 日線在上的走勢。

在起漲的階段，100 日線、60 日線、20 日線、5 日線逐漸分開，等到漲勢減緩，均線又交纏在一起。

從 2020 年 7 月開始，100 日線一直在最下方，60 日線在 100 日線之上。這段期間，60 日線一直在 100 日線之上，屬於上漲趨勢。

圖 27 中，上漲趨勢偶爾也會出現下跌的格局。

圖 26　100 日線一直在最下方，屬於上漲趨勢

軟銀集團均線線圖①

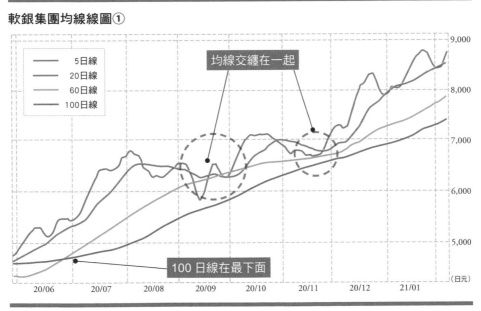

圖 27　用分歧判斷下跌只是暫時漲多回跌

軟銀集團均線線圖②

獲利了結的賣壓出籠，
股價依舊上漲

5日線
20日線
60日線
100日線

7,000
6,500
6,000
5,500
5,000
4,500
(日元)

20/07　　　　　　20/08　　　　　　20/09

　　線圖上有一段獲利了結的賣壓，不過跌勢維持沒多久，多頭氣
焰再起，很快又恢復上漲趨勢。這就是漲多回跌*的狀況。

　　100 日線和 60 日線一直維持上漲的趨勢，20 日線和 5 日線則
在上方高低震盪。

　　在這樣的上漲趨勢中，只要抓準漲多回跌的格局，逢低買進，
就能賺到不少利潤。

---

*　股價上漲過程中，暫時下跌的格局。

　　因此要判斷股價是上漲中的暫時回跌，還是趨勢反轉的預兆。「分歧」就是用來判斷這兩者差異的一大技巧。

　　所謂的分歧，是指上漲或下跌趨勢中，兩條均線即將相交，最後卻分開的走法。

　　這是判斷趨勢有沒有反轉的重要訊號，好好善用分歧的判讀技巧，不管多頭或空頭都能抓到正中直球。

20 日線與 60 日線分歧，預測趨勢將上漲

　　首先，來說明 20 日線和 60 日線的分歧走勢。

　　圖 28 其實就是剛才軟銀集團的均線線圖，只不過這次我們挑出 20 日線、60 日線、100 日線就好。

　　100 日線和 60 日線，始終維持上漲的趨勢。

　　20 日線在 100 日線和 60 日線之上，屬於上漲的趨勢。後來股價暫時下跌，20 日線也跟著往下走。

　　最初的跌勢①，是從 8 月前半到 10 月初。儘管是暫時的，但也維持了將近 2 個月，這個時期進行交易的人，大概以為上漲趨勢該結束了。但後來還是漲上去了。

　　接下來，跌勢②從 2020 年 11 月開始，維持了差不多 1 個月。

圖 28　均線出現分歧，未來仍有走升機會

軟銀集團均線線圖③

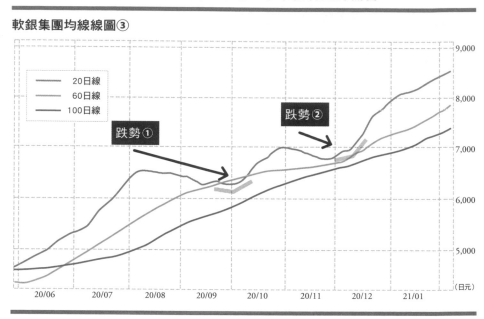

在暫時回跌的盤勢買進，等股價再次回升就能賺到價差。

前文提過，分歧是判斷趨勢是否反轉的重要訊號。請大家仔細看圖 28。

第二次回跌就是 20 日線和 60 日線分歧的走勢。

20 日線處於下跌的格局，但 60 日線和 100 日線都往上漲。如果跌勢接近 60 日線而沒有摜破，反而再次上漲，這就是分歧的走勢。未來會有強力走升的機會。

要是做得出以上推論，事先逢低買進，自然會有可觀的獲利。

那麼，從 8 月初開始的第一次跌勢，又該如何判斷呢？

20 日線稍微攫破 60 日線，這兩條均線似乎算不上分歧的走勢。

不過觀察 100 日線和 20 日線的關係，縱使 20 日線貼近 100 日線，也沒攫破 100 日線。所以 100 日線和 20 日線，算得上是分歧的走勢。

這種情況下可以合理推斷，100 日線和 60 日線持續上漲，20 日線又和 100 日線分歧，後續也有上漲的角度，因此未來有可能繼續上漲。到後來，20 日線和 60 日線又呈現分歧的走勢。

觀察均線是否分歧，就能在上漲趨勢中，抓到逢低買進的出手時機。

如同知名餐廳的大廚，可以用菜刀這種稀鬆平常的廚具，做出美味的料理。我們也可以用均線這種簡易的工具，提高交易的成功機率。

13

漲勢疲弱的均線分歧

從上漲趨勢，預判何時反轉下跌

接下來，我會說明下跌趨勢中的「分歧」走勢。請看圖 29 軟銀集團均線圖，圖中只標示 20 日線、60 日線、100 日線。

2018 年 10 月以前，軟銀還處在上漲趨勢中，100 日線在最下面，60 日線居中，20 日線在上。之後 20 日線往下跌，到了 11 月中旬還來到 60 日線和 100 日線之下。

最上面的 20 日線反而到了最下面，這已經是疲弱的格局了。

20 日線下跌後，原本向上的 60 日線先是持平，最後也向下走，同樣呈現走勢疲弱。到頭來 60 日線也到了 100 日線之下（見圖 30）。

60 日線向下走時，20 日線卻緩緩向上，這代表當時的股價是有回升的。不過長期來看多頭力竭，後來股價持平一段時間，也是向下走。

圖 29　趨勢反轉，漲勢出現疲態

軟銀集團均線線圖①

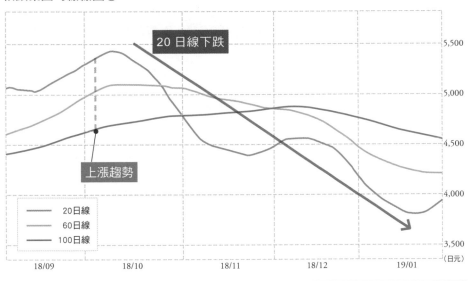

圖 30　60 日線和 20 日線呈現分歧

軟銀集團均線線圖②

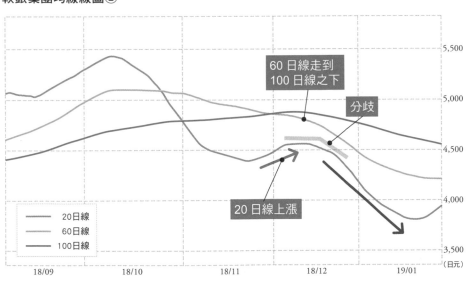

這時候，60 日線和 20 日線呈現分歧的走勢，最後大幅下跌。

為了賺到這段做空的機會，該如何預測走勢、擬定交易策略？

60 日線向下，可能有兩種走勢

首先，60 日線和 100 日線貼近的格局，我們可以如何預測未來的走勢？

有兩種可能性（見圖 31）：

1. 從 60 日線的角度研判，60 日線很快就會攢破 100 日線，雙方的上下位置會顛倒過來。

2. 20 日線往上升，並且維持上漲的走勢，60 日線也跟著往上走，最後跟 100 日線分歧，形成上漲的趨勢。

假設我們預測未來走多，在這裡買進。不久後 60 日線和 100 日線交叉，上下位置對調過來，但 20 日線還是微微向上。你預測 60 日線只是稍微攢破 100 日線，未來還有往上走的機會，所以沒有出清手中部位。

結果 20 日線和 100 日線走勢持平，20 日線和 60 日線形成分歧走勢。

圖 31　從均線分歧判斷多空走勢

軟銀集團均線線圖③

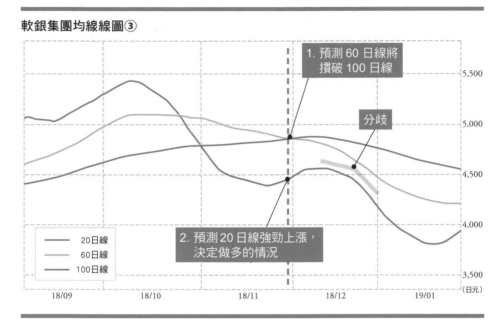

1. 預測 60 日線將
攪破 100 日線

分歧

5,500

5,000

4,500

4,000

20 日線
60 日線
100 日線

2. 預測 20 日線強勁上漲，
決定做多的情況

3,500
（日元）

18/09　　18/10　　18/11　　18/12　　19/01

這時候就該出清手中部位了。

之後，如果 20 日線往下走，就形成反 PPP 的下跌趨勢。也就是 100 日線在上，60 日線居中，20 日線在下。看到這裡，就該做空了。

PPP 中出現分歧格局，是逢低買進的時機

再來看 5 日線、20 日線、60 日線的分歧走勢（見圖 32）。

　　2020 年 10 月中，均線由下至上分別是 100 日線、60 日線、20 日線、5 日線，呈 PPP 走勢，後來唯獨 5 日線向下走。從均線的排列方式來看，這裡 5 日線下跌只是暫時的，很有可能會繼續向上漲。

　　在這裡做空，失敗的風險特別高。換句話說，這並不是下跌趨勢的正中直球。

　　倘若你真的很想做空，要先認清這不是做空的好時機，一旦看錯就要立刻出清手中部位停損。

圖 32　PPP 中出現 3 種分歧局勢

軟銀集團均線線圖④

- 5日線
- 20日線
- 60日線
- 100日線

5 日線沒有攢破 60 日線，不輕舉妄動

PPP

PPP

5 日線和 60 日線分歧①

20 日線和 60 日線分歧②

5 日線和 20 日線分歧③

8,000

7,000

6,000

（日元）

20/10　　20/11　　20/12　　21/01

　　另外，從均線的位置來看，100 日線、60 日線、20 日線要顛倒過來形成下跌的趨勢，還需要很長一段時間。因此判斷 5 日線回升是比較合理的。

　　之後，5 日線和 60 日線出現分歧①。再來，20 日線和 60 日線出現分歧②。你要在均線重回 PPP 的走勢時做多。

　　接下來 5 日線往下走，但只要別跌到 60 日線，就不算大幅下跌，所以不必做任何動作。

　　均線的排列方式，是呈現上漲趨勢的 PPP。下一波跌勢是 5 日線和 20 日線的分歧③。這一次分歧你也可以事先逢低買進。

　　總結來看，當 100 日線和 60 日線持續向上，5 日線和 60 日線出現分歧①，形成了 PPP 的格局。不久後，20 日線下跌貼近 60 日線，同樣演變成分歧②，上漲趨勢再次復活。

　　圖 32 標出了 3 個分歧格局，分別是 5 日線和 60 日線分歧，20 日線和 60 日線分歧，5 日線和 20 日線分歧。在這 3 個格局逢低買進，就能賺到可觀的獲利。

均線交纏，PPP 雖未完全成形，可小買試水溫

　　請看線圖 33。說得更深入一點，2020 年 11 月，60 日線在 100 日線之上，這個位置關係代表的是上漲趨勢。

5 日線和 20 日線下跌，貼近 60 日線，形成分歧①的格局。而後均線呈現 PPP，由下至上分別是 100 日線、60 日線、20 日線、5 日線。小買一點試水溫並無不可。

5 日線上升後，原本持平的 20 日線也微微上升了。接下來有兩種可能的走勢：

1. 股價持續上漲。

2. 下方的 5 日線向上突出，接著漲多回跌，又再次上漲。

圖 33　均線交纏、PPP 成形前可以小買試水溫

軟銀集團均線線圖⑤

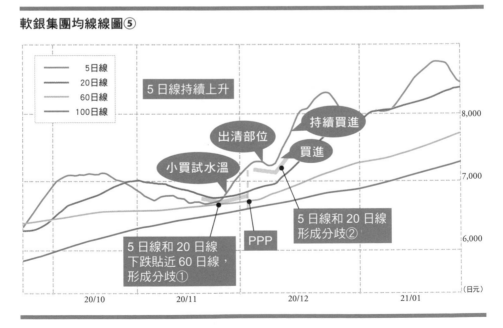

　　預測這兩種走勢後暫且觀望，後來真的回跌了，這時候你要先
出清部位。

　　等到 5 日線和 20 日線形成分歧②，一樣逢低買進，待上漲後
增加部位。

14
利於做多的分歧訊號

從 60 日線與 K 線位置，判斷做多時機

再來說明 100 日線和 60 日線的分歧。同樣以軟銀集團的均線線圖為例（見圖 34）。

最初的分歧①60 日線在 100 日線之下，60 日線微微上升，可惜無法突破 100 日線，最後向下走，這時候股價震盪。

2016 年 5 月多，60 日線突破 100 日線，均線的位置對調。K 線本來在 100 日線之下，後來也跑到 100 日線和 60 日線之上了（見圖 35）。

前文的準則有提到，K 線在 100 日線之下，基本上要「做空」，反之則「做多」。

所以，這是應該做多的格局。

後來股價回跌，60 日線碰觸到 100 日線，但 60 日線沒有攧破

圖 34　100 日線和 60 日線 3 次分歧

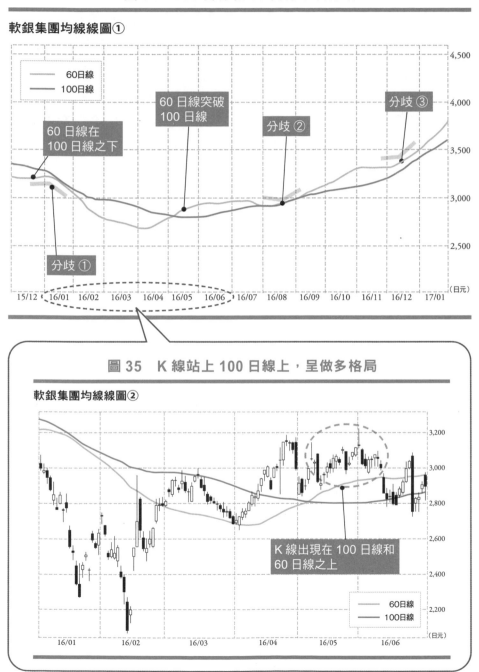

軟銀集團均線線圖①

- 60日線
- 100日線

60 日線在
100 日線之下

60 日線突破
100 日線

分歧 ②

分歧 ③

分歧 ①

15/12　16/01　16/02　16/03　16/04　16/05　16/06　16/07　16/08　16/09　16/10　16/11　16/12　17/01　（日元）

4,500
4,000
3,500
3,000
2,500

圖 35　K 線站上 100 日線上，呈做多格局

軟銀集團均線線圖②

K 線出現在 100 日線和
60 日線之上

- 60日線
- 100日線

16/01　16/02　16/03　16/04　16/05　16/06　（日元）

3,200
3,000
2,800
2,600
2,400
2,200

100 日線，甚至還往上升。這就是代表上漲趨勢的分歧②（見圖34）。

然而，股價終究跌了不少，才形成分歧的走勢。因此其實很難斷定未來會有強勁的上漲走勢。照理說，這時候股價還沒有明顯的趨勢，很難斷定未來的多空格局。

下一個分歧③，100 日線和 60 日線沒有接觸，這種分歧有很高的機率未來會強勁上漲。

線圖都有跡可循，能從過去型態預測未來走勢

這一連串的股價變動，其實跟上一節圖 33 的走勢大同小異（見圖 36）。

5 日線剛突破 20 日線，上漲力道還不夠強勁，可能有暫時下跌的情況。不過只要形成分歧格局，就會出現強勁上漲的走勢。

所以技術線圖都是有跡可循的，利用分歧來預測未來的股價走勢，這套技術適用在任何股票上。

圖 36　線圖有跡可循，能從過去的走勢預測股價

軟銀集團均線線圖③

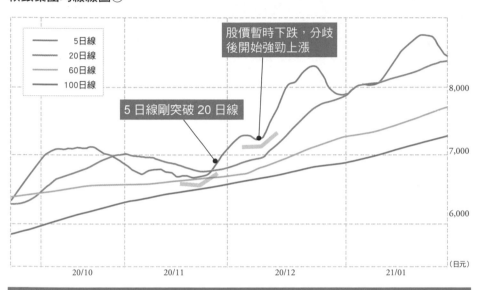

圖例說明：
- 5日線
- 20日線
- 60日線
- 100日線

股價暫時下跌，分歧後開始強勁上漲

5 日線剛突破 20 日線

（日元）

15 利用股價高低點，抓出漲跌波段

股價高低點都被墊高，未來還有可能創新高

接下來，我會告訴大家看到股價低點和高點墊高後，如何預測未來的趨勢。請看圖 37 軟銀集團週線圖。

仔細看 A 到 D 的低點和高點。100 週線和 60 週線分歧後，60 週線達到 A 的高點，之後跌到 B 的低點，然後繼續往上漲，股價漲到 C 的高點。

A 和 C 相比，哪一邊比較高？C 比較高。這就是高點被墊高了。

之後股價從 C 開始下跌，這次下跌會跌到哪裡，是判斷未來多空的重要指標。

線圖上顯示股價跌到 D。有發現什麼現象嗎？

股價在高於 B 的位置止跌了。這就是低點被墊高了。

圖 37　高點被墊高後的下跌，是判斷多空的關鍵

軟銀集團均線線圖①

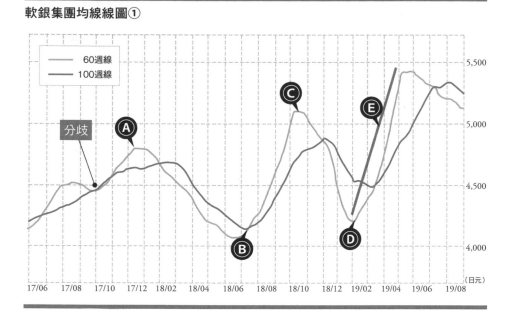

低點被墊高後，股價從 D 開始強勁上漲。

相較 A，C 被墊高；相較 B，D 也被墊高，後來股價就一路走高。因此你可以合理推測，E 波段會有強勁上漲的走勢（見圖38）。

這是週線圖，所以照理推算，E 這一段是長期的上漲趨勢。

同時看 100 週線，100 週線和 60 週線一樣，高低點都被墊高了。同理也可以合理推測出 E 波段會有強勁上漲的走勢。

在這樣的情況下，請拿出信心積極做多。

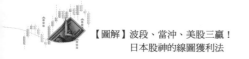

圖 38　高低點墊高，可能有波強勁上漲趨勢

軟銀集團均線線圖②

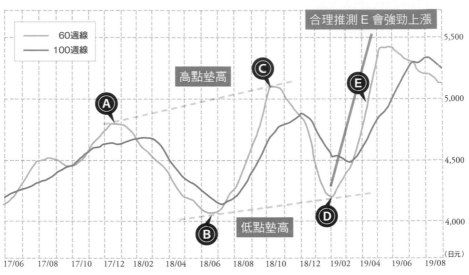

假設你已經確認 D 的低點，也預測未來會上漲，而且也做多了。這畢竟是週線，E 波段上漲的過程中，難免會有回跌的情況。

不過就算看到跌勢，只要記得前段的高低點都被墊高，未來肯定有強勁上漲的走勢，你就能持續做多。即便保有手中做多的部位，也不用太擔心。

E 波段上漲了 4 個月，股價從 4,000 日元（約新台幣 1,000 元）漲到 5,500 日元（約新台幣 1,375 元）。抓住這個機會做多，會有很可觀的獲利。

16

股價會續跌，還是止跌回升？

股價沒有跌破前段低點，續跌可能性低

圖 39 可看出低點墊高的走勢。

股價從 A 開始上漲，20 日線突破 60 日線，在 B 留下一個高點後回跌。

請思考一下，看到這個跌勢你該如何預測未來走勢？

未來有兩種可能：

1. 股價續跌。

2. 沒跌破 A 的低點，轉為上漲趨勢。

若是後者，那你可以合理推斷，這會是強勁上漲的走勢。

做出預測後，假設你決定做空。

之後，你認為股價在 C 持平一段時間後，不會跌到 A 的低點，

圖 39　低點被墊高，且出現 PPP 格局

軟銀集團均線線圖①

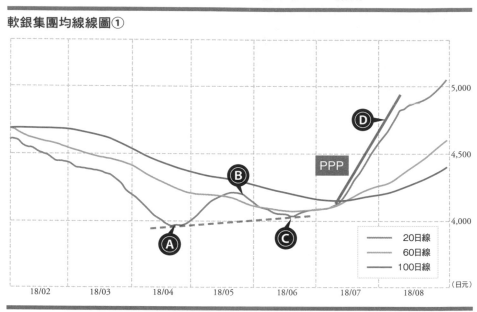

那你就該趕快出清手中部位。

接著股價一旦漲上去，你要先認清這可能會是強勁上漲的走勢。後續線圖的走勢，股價果然超越 B 繼續往上漲，形成 PPP 的格局。你在這時候做多就有可觀的獲利。

C 的低點沒有跌破 A 的低點，低點被墊高；D 的高點漲過 B 的高點，高點也被墊高，還出現 PPP 的格局。這算得上是正中直球了！

均線分歧加上高低點墊高，走勢將大幅上漲

再來看圖 40，這個線圖的 20 日線、60 日線、100 日線有分歧的走勢，低點和高點也被持續墊高，屬於上漲的趨勢。

股價從 A 開始下跌，在 B 的位置形成分歧，然後再次上漲。

C 的高點越過了 A 的高點。

接下來該如何預測未來走勢？

這個上漲波段就算從 C 開始回跌，20 日線也還在 60 日線之上。

圖 40　低點和高點持續墊高

軟銀集團均線線圖②

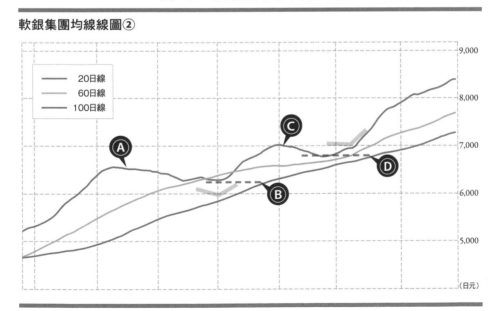

如果回跌沒有攢破 60 日線，而是形成分歧的走勢，那麼低點也不會比 B 還要低。這就形成低點和高點被墊高的格局，未來會大幅上漲！

當股價走到 C 的位置，也就是超越前段高點的時候，只要你能做出上面的推測，交易的成功率就會大幅提升。

看到分歧和高低點被墊高，即可精準預測未來的走勢，事先布局賺取可觀的獲利。相信大家都看明白了。

反過來看，若看到高低點持續走低，就是做空的格局。

圖 41　高低點持續破底則是做空格局

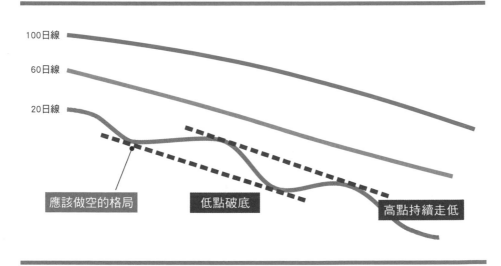

股價變動比均線快，須及早買賣

當運用分歧或高低點墊高（走低）的技術交易時，要留意一個重點，那就是均線和股價的關係。

5 日線是股價（收盤價）5 天以來的平均值，5 週線是 5 週以來的平均值；20 日線則是 20 天以來的平均值，20 週線是 20 週的平均值。**因此平均值跟當下的股價是有落差的。**

在 5 日線創下高點以前，股價可能會先創新高。打底的時候也一樣，也是股價會先到達底部，之後均線才跟上。

換句話說，**股價變動比均線快。交易時，必須留意兩者的落差。**

比方均線持平，股價可能已經開始下跌，趨勢也反轉了。所以實戰上，及早買賣是決勝的關鍵。而你必須準確預測未來走勢，才有辦法做到這一點。

牢牢記住前文講解的線圖，如此一來，在看其他檔股票時，只要看到 60 日線和 100 日線有類似的動靜，就能預測未來的走勢了。屆時，你可以盡早做好買賣的準備和判斷。

請反覆觀看線圖、牢記線圖，讓你腦內 AI 背得滾瓜爛熟，有需要的時候就可以調出資料來用了。

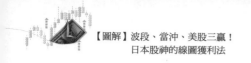

17

走勢反轉的兩大訊號：
M頭、W底

線圖出現 M 頭、W 底，象徵走勢結束

5 日線的 M 頭和 W 底，跟分歧一樣很適合用來抓正中直球。

從 M 的字型來看，頂部有兩座山頭；W 的字型來看，底部有兩個峽谷。這兩種都是趨勢反轉的重要訊號。

M 頭出現後，股價會從高點落下；W 底出現後，股價也會從低點漲上去。趨勢由此反轉。

那為何 M 頭和 W 底是反轉的訊號呢？

M 頭和 W 底的形成，如實反映出了投資人的心態。

首先，M 頭的股價是先漲後跌，再漲再跌。要知道，做多的投資人夠多的話，股價下跌就會有逢低買進的大量買盤，股價會再次漲上去。均線的分歧走勢，代表的就是這樣的狀況。

M 頭有兩座山頭，意味著漲勢無法持續，逢低買進的買盤也不多。由於多方力竭，頂部形成後就往下掉。

第二座山頭出現，代表投資人已經在猶豫該不該做空了。買在前段高點的人也獲利了結，投資人看到股價遲遲無法突破，對股價的看法不再樂觀，空方的氣焰也開始增強。

等到股價真的下跌，投資人便不再猶豫，大量做空會一口氣拉低股價，類似的例子屢見不鮮。

低點的 W 底剛好相反。W 底是先跌後漲，再跌再漲，投資人的心態也跟 M 頭完全相反。空方的勢力減弱，本來猶豫的投資人反手做多，多方氣焰增強，股價就這麼一路漲上去。

高點賣壓出籠、低點空頭回補，使股價反轉

M 頭和 W 底容易出現一種格局，那就是股價逼近前段高點或低點。

股價本來就是反覆漲跌、上下震盪。股價要持續往上漲，就必須超越前段高點才行。

然而，**上漲趨勢一旦偏弱，股價無法創下新高，就會下跌形成 M 頭**。股價無法創下新高的其中一個原因，主要是投資人出清手中部位規避風險。

圖42 「M頭」和「W底」線圖反映出投資人心態

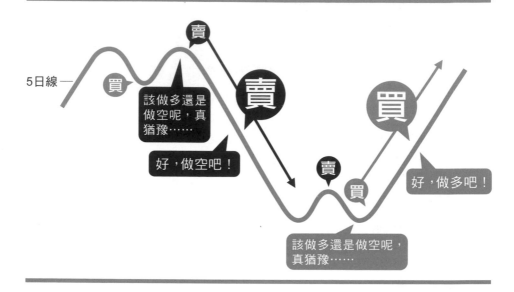

買在前段高點的投資人，碰到前一波跌勢已經賠錢了，如今股價漲回前段高點，他們當然會想趁機逃命下車。強大的賣壓出籠，股價跨不過前段高點，就只好下跌了，這就形成了 M 頭。

下跌趨勢也是同樣的道理。股價先跌後漲，之後再跌。股價若跌破前段低點，跌勢才會持續下去，但空在前段低點的投資人，也會在這時候回補。當多方處於優勢，股價就會反轉向上，這就形成了 W 底。

因此當股價接近前段高點或低點，就該留意股價動靜，預測未來可能會出現 M 頭或 W 底。

上漲趨勢遇M頭，做空；下跌趨勢見W底，做多

不管是要做多或做空，都可以活用 M 頭或 W 底的判斷技巧。

在上漲趨勢看到 M 頭出現，就是適合做空的訊號。尤其第二座山頭碰不到前段高點，就有極高的可能性下跌。

在下跌趨勢看到 W 底出現，你可以嘗試做多。第二個峽谷的價格高於前段低點，屬於低點被墊高的格局，未來上漲的機率相對較高。

在 PPP 或反 PPP 的格局中，M 頭和 W 底是精準預測**趨勢反轉**的技巧。

前文有提過，PPP 和反 PPP 是打不死的小強，趨勢很容易死灰復燃。

比方均線呈 PPP 的排列方式，就算股價下跌，5 日線貼近 20 日線，未來只要形成分歧的格局，就有很大的機率漲上去，胡亂做空很容易被軋空。反 PPP 也是同樣的道理，股價稍微回升，還是有很大的機率下跌。

不過，PPP 或反 PPP 一遇到 M 頭和 W 底，**趨勢很有可能反轉。**

當你在 PPP 的格局看到 M 頭，做空有機會大賺；當你在反 PPP 的格局看到 W 底，做多有機會大賺。

另外，**在 PPP 的格局做多，看到 M 頭就該獲利了結；**在反

PPP 的格局做空，看到 W 底就該回補。

M 頭和 W 底完成前，可能的 3 種走勢

看到 5 日線快要形成 M 頭和 W 底，下單前不妨先預測未來的走勢。這個方法也能用來判斷是否該增加手中的多空部位。

M 頭有幾個可能的走向（見圖 43）：

1. 直接漲上去。

圖 43　在 M 頭完成前，預測未來走勢

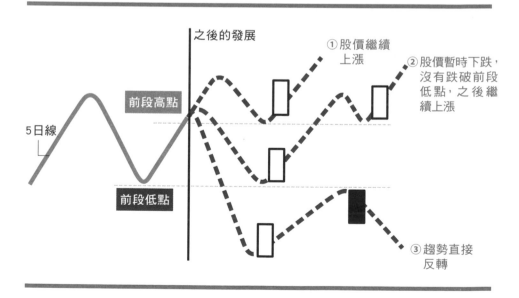

2. 跌到前段低點，再漲上去。

3. 直接形成下跌趨勢的情況。

W 底也有幾個可能的走向（見圖 44）：

1. 反轉趨勢上漲。

2. 上漲後無法突破前段高點，再次反轉向下。

3. 稍微上漲後再次下跌的情況。

有本事預測出這些走向，你就算脫離初學者的階段了。

圖 44　在 W 底完成前，預測未來走勢

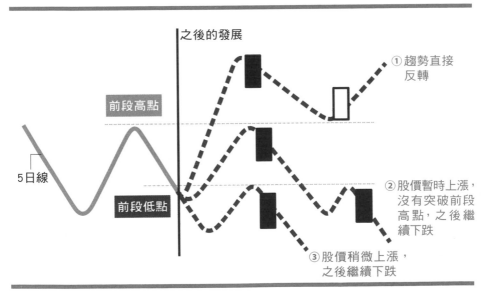

第 **4** 章

多空雙贏的
交易策略

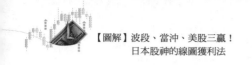

18 交互運用 5 大獨門技法

交易時，牢記 5 大技法

第 2 章和第 3 章介紹了相場流交易法的 5 大獨門技法，現在來回顧一下這 5 種技法的內容：

- 波段操作：不要長期持有，盡快完成短期交易。

- 抓正中直球：看 K 線和 100 日線的關係，還有 K 線和均線的關係（下半身或反下半身），擬定交易策略。

- 打不死的 PPP：PPP 異常頑強，就跟打不死的小強一樣，容易死灰復燃。

- 5 日線、20 日線、60 日線「分歧」：看均線的「分歧」走勢，預測未來的大方向。

- 5 日線的 M 頭、W 底：看 5 日線的 M 頭和 W 底，預測趨勢反轉。

交易時，時時刻刻牢記這 5 大基本技法。

初學者最好寫在紙上，每次交易就拿出來逐條確認。等累積了足夠的經驗，就不需要一一確認了。

持續練習，把交易技巧內化

交易時，要配合當下的格局，使用適當的技巧，這就跟練拳是一樣的道理。

我練了 50 年空手道，至今也持續去道館練習。練習左右正拳、左右踢擊、左右肘擊、左右膝擊等，平日要勤練各種招數，比賽時才有辦法順利出招。練習時每一招都要連貫流暢，擋下一拳還要留意下一拳，踢完一腳還要預備踢出下一腳。

要把每一招鍛鍊到極致，配合當下的狀況發動連招，達到應用自如的境界，否則不可能取勝。

交易也跟武術一樣，精通這 5 大技法，互相配合運用，達到出神入化的境界。

實證比理論更重要，接下來用這 5 大基本技法，來分析例題。閱讀的過程中，也可以思考自己理解了多少。

19 難以預測的盤勢，不輕易操作

走勢不明時，先觀察 K 線與 100 日線

第一個實戰例題來看日本汽車製造商鈴木日線圖。圖 45 是 2020 年 2 月到 5 月的股價走勢，圖 46 是 6 月到 9 月的股價走勢。

假設你從圖 46 的金色星號開始交易，該使用哪一項基本技法才好？

K 線在 100 日線之上，是應該做多的格局。

不過，仔細看 K 線是黑 K 線，而且還是反下半身，所以無法做多。

那應該做空嗎？

基本上 K 線在 100 日線之上要做多，因為未來上漲的可能性非常高。因此這個格局也不適合做空。

圖 45　局勢尚不明朗，難以預測多空

鈴木日線圖①

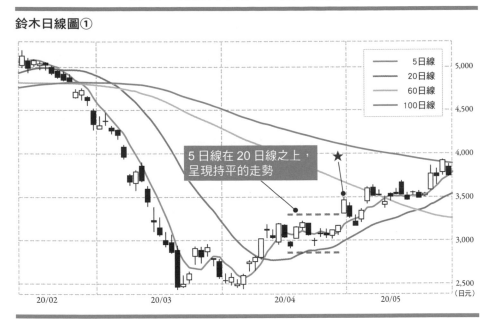

圖 46　從 K 線與 100 日線的關係，擬定交易策略

鈴木日線圖②

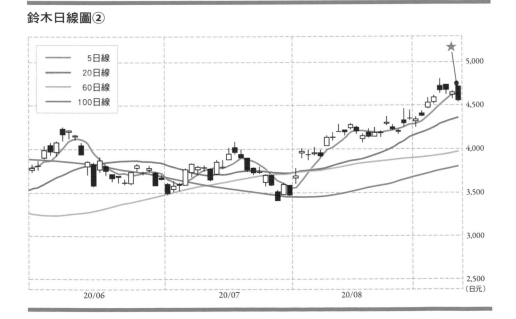

這時候你該用的判斷準則，是 K 線在 100 日線之上要做多。

再來看均線的排列方式，這是 PPP 的格局。PPP 是打不死的小強，**趨勢會不斷死灰復燃**。

了解 K 線和 100 日線的關係，還有均線 PPP 的排列方式後，你可以擬定作戰計畫：**等股價回跌後再度上漲，而且出現下半身的 K 線，就適合買進了**。

這是最正統的交易策略，想得出來就代表你及格了。

還有一種交易策略，如果想得到，那就很了不起了。但在解說前，我必須先提醒大家，有些格局很難擬定交易策略。

初學者先挑好判斷的盤勢，再出手

初學者最好避開難以擬定策略的格局，這樣才有機會抓到正中直球。所謂難以擬定策略的格局，是指股價的走勢不穩定，未來很難預測多空的格局。

剛才提到的狀況，K 線站在 100 日線之上，而且均線是 PPP 的排列方式，這就很好擬定策略。

圖 45 的 4 月中旬的格局又該如何？

5 日線站在 20 日線之上，呈現持平的走勢。假設你推斷股價會暫時下跌，打算等再次向上突破後再買進。

接著，你在灰色星號的地方買進，股價隔天就跌了，跟你的預測正好相反。

上方的 100 日線和 60 日線都向下跌，下方的 5 日線卻站在 20 日線之上。這就是很不穩定的格局。

跟這個格局相比，圖 46 金色星號的地方，相對來說比較容易預測。所以在混亂的格局最好不要妄動，等 PPP 或反 PPP 這類好預測的格局，再來交易。

股價走到高點，可預測未來 2 種走勢

現在開始講解另一個交易策略。如果你是初學者，能想到這個交易策略真的非常了不起。

狀況跟前文一樣，你打算等股價回跌，出現下半身後再買進。

接下來要預測更後期的走勢。換句話說，假設 K 線出現下半身訊號，漲到前段高點的價位後你該怎麼做？

這有兩種可能：

1. 股價突破前段高點，**繼續往上漲**。這時候你要抱緊部位，或是增加手中部位。

2. 股價沒有突破前段高點，反而往下跌。

圖 47　預測未來的股價

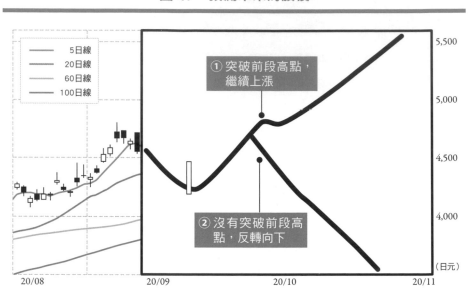

這時該怎麼辦？

這種走勢下，5 日線會形成 M 頭。雖然 PPP 的格局照理說是要做多，但 5 日線形成 M 頭後，你就該嘗試做空了。

一旦確認股價沒有突破前段高點，就要出清手中做多的部位。等股價開始下跌，形成 M 頭以後，就試著做空。

預先想好下一步，才不會錯失賺錢時機

接下來看圖 48，看一下後來到底是怎樣的走勢。

股價從 9 月 10 日開始下跌，這時候先不要做多，也不要做空。

看到下半身出現後，在 9 月 28 日買進。

事後諸葛很簡單，問題是，就算你在 9 月 10 日擬定交易計畫，之後股價跌跌不休，你很難忍住不出手，要在 9 月 28 日買進也不是件容易的事。

股價碰到 20 日線後，搞不好會繼續往下跌，或者股價突破不了 4,500 日元（約新台幣 1,125 元）大關，繼續往下跌。一想到這裡，可能就怕到不敢買進。

不過，如果你擬定出了前文的交易策略，那就應該買進。

買進的同時，還要先做一個心理建設：萬一股價碰到 20 日線後，出現兩根黑 K 線，那就出清手中的部位。等股價下跌形成 5 日線的 M 頭，就反手做空。

要是你還能預測做多的退場時機，那就更好了。

比方說，股價突破 20 日線上漲，但無法超過 4,500 日元大關，接著看到兩根黑 K 線就該出清手中部位了。

假如股價在 4,500 日元大關下跌，也會形成 5 日線的 M 頭格局。縱使均線還是 PPP 的排列方式，也該反手做空。

看到 M 頭要做空，那股價稍微下跌，然後又漲上去，該如何是好？

股價稍微下跌再漲上去，這就是底部被墊高的格局。因此空頭部位應該回補，反手做多。

不是下完單就沒事了，你要持續預測未來的走勢，不停擬定作戰計畫。

這次做多，在 10 月 13 日看到反下半身出現，就該出清手中的持股了。前一天同樣有黑 K 線出現，但還站在 5 日線之上。當 K 線摜破 5 日線，就該察覺苗頭不對，趕緊腳底抹油開溜，接下來反手做空。

圖 48　預先擬定好多空策略

鈴木日線圖③

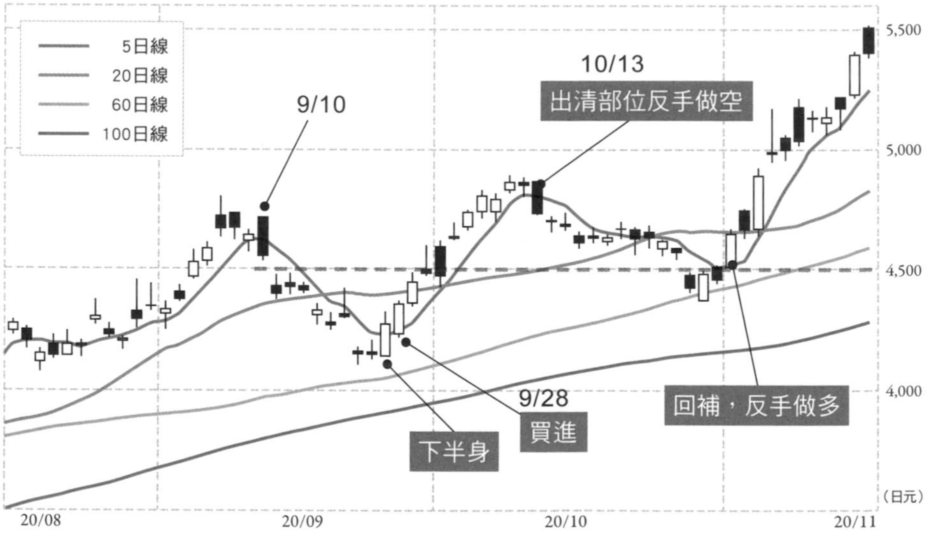

20
擬定多空策略，但要隨機應變

交易前，先決定做多和做空的雙向策略

交易開始前，請務必擬定好交易策略。無法預測股價，擬定不出策略，那就千萬不要出手交易。

想不出交易策略，代表你的技巧可能還不夠純熟，需要更努力研究，培養足夠的實力。

接下來看圖 49 日本三越伊勢丹控股（3099）日線圖。看到圖 49 的金色星號，這時候該擬定什麼策略？

如果你覺得線圖很難分析，請回想起前文提過的 5 大技法，用 5 大技法來一一拆解分析。

首先，均線如何排列？

由下至上分別是 100 日線、60 日線、5 日線、20 日線，而且 K 線呈現下半身。你可以合理推測，未來會重回 PPP 的走勢。

在下半身出現前，連續 5 天走勢持平，下半身跳空突破，甚至超越了千元大關。

這幾個要素歸納起來，下半身突破持平的股價，還超越了千元大關，PPP 的格局即將成形。綜合思考，這是應該「做多」的格局。

再更進一步推測，請大家注意前段高點。倘若股價沒有達到前段高點，多方力竭轉而下跌，這就形成高點逐步下跌的格局，屬於 M 頭。屆時你就該出清手中部位，等股價下跌再反手做空。

當看到金色星號的 K 線，就該擬定下列兩個交易計畫：

圖 49　從 5 大技法思考交易策略

三越伊勢丹控股日線圖①

| 5日線 |
| 20日線 |
| 60日線 |
| 100日線 |

1. K 線出現下半身，突破千元大關，形成 PPP 的格局，做多。

2. 股價未過前段高點，形成 M 頭，出清手中部位，反手做空。

5 日線一旦形成 M 頭，看到 PPP 也要做空

來看實際的股價走勢（見圖 50）。K 線在 100 日線上方，而且還是下半身，所以做多。

圖 50　同時擬定多空策略，隨時應變

三越伊勢丹控股日線圖②

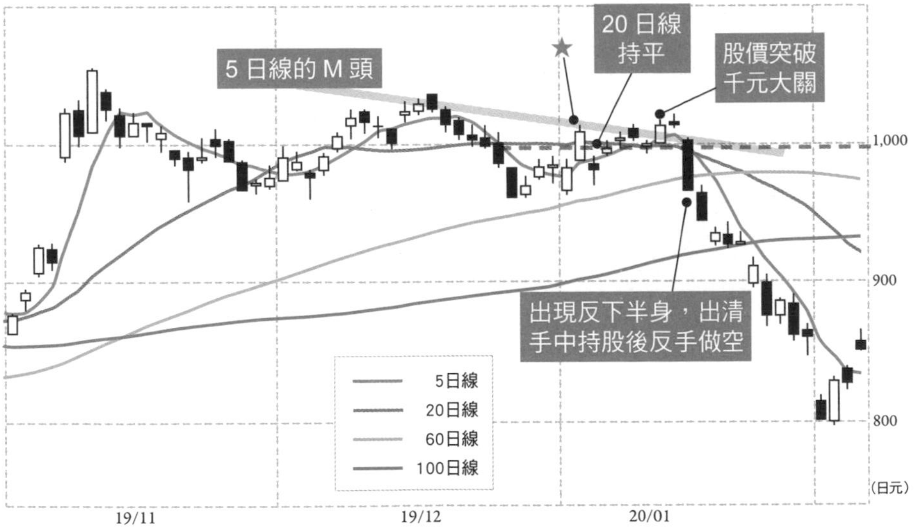

不過，後續有黑 K 線出現，走勢似乎不太明朗。尤其 20 日線走勢持平，令人擔憂。再看股價是否突破千元大關？確實有突破。這就沒問題了，還不用出清部位，可以續抱。

若出現紅 K 線突破前段高點，均線就會呈現 PPP 的格局，可以追加做多的部位。不料之後出現黑 K 線（反下半身），股價沒有突破前段高點，反轉向下。

這時候你賣掉手中持股後，應該反手做空。再者，原本持平的 20 日線向下走，因此你要遵照第二項策略，在反下半身出現時出清部位。

出清手中持股後反手做空，股價開始下跌，等 K 線出現在 5 日線之上，再回補即可。

這一個例題帶給我們的教訓是，在交易前應該預測兩種不同的格局，事先擬定應對的策略。

21 預測走勢，最好擬定多套策略

所有可能走勢，都要預先設想

接下來的例題是日本東洋紡織（3101）。

請看圖 51 金色星號的地方，請問你該做多還是做空？

K 線在 100 日線之下，基本上是要做空。

之後可能會出現黑 K 線的反下半身，造成股價大幅下跌。

或者，上面尚有 2,000 日元大關，股價稍微漲上去，突破不了 2,000 日元大關後下跌，這時也可以做空。也不一定要漲到 2,000 日元大關，只要漲上去再跌下來，照樣能做空。

當然，我們不只該考慮做空的策略，做多的策略也該考慮。

雖然 5 日線在 100 日線之下，可是一旦形成 W 底的上漲格局，就應該做多了。

圖 51　擬定各種可能的交易策略

東洋紡織日線圖①

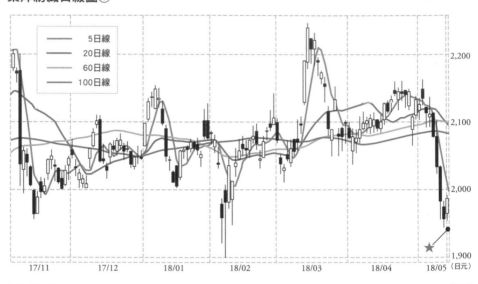

圖 52　預先擬定好未來 3 大策略

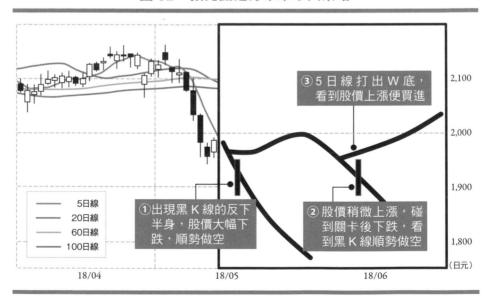

③ 5 日線打出 W 底，看到股價上漲便買進

① 出現黑 K 線的反下半身，股價大幅下跌，順勢做空

② 股價稍微上漲，碰到關卡後下跌，看到黑 K 線順勢做空

請看金色星號的 K 線，這個局勢可以擬定 3 大策略。分別是 2 個做空戰略，以及 1 個做多策略。

除此之外還有其他策略，大家看得出來嗎？

K 線持平先觀望，耐心等待預期格局

接著看東洋紡織之後的走勢（見圖 53）。

前文提到的其中一個策略是，股價碰到 2,000 日元大關後下

圖 53　耐心等待預期格局

東洋紡織日線圖②

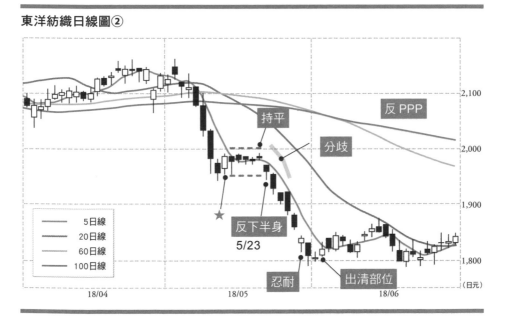

跌，等黑 K 線一出來就做空。金色星號的隔天，還有隔天的隔天都是持平走勢，所以不該輕舉妄動。

5 月 23 日，5 日線下方出現黑 K 線，是反下半身。這時候就該做空了，也就是在持平走勢結束後看到黑 K 線做空。

再看均線，5 日線和 20 日線呈現分歧格局。

均線的位置為，60 日線和 100 日線下跌，60 日線貼近 100 日線。由上至下分別是 60 日線、100 日線、20 日線、5 日線，呈現下跌趨勢，反 PPP 即將成形。

那空單何時回補呢？

第 1 根紅 K 線還不用急著回補，看到黑 K 線後面的第 3 根紅 K 線，再回補就好了。

22

下單後，同時設定停損時機，隨時修正

走勢向上，但要留意 M 頭型態

接下來分析勝高（3436），一開始同樣先擬定交易策略（見圖 54）。

記得，要謹守 5 大技法。

這 5 大基本技法分別是「波段」、「抓正中直球」（判斷 K 線在 100 日線的上方或下方，型態是下半身或反下半身）、「PPP 是打不死的小強」、「均線分歧」、「5 日線 M 頭和 W 底」。

確認這 5 大技法後，我們來分析圖 54。金色星號的 K 線在 100 日線之上，基本上要做多。

然而，做多也有要注意的地方，那就是 5 日線的 M 頭。

股價上漲，形成 PPP 的格局，但沒有突破前段高點，下跌後 5

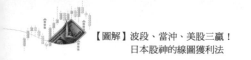
圖54　K線站在100日線上，基本上做多

勝高日線圖①

日線會形成 M 頭。PPP 的格局看到 M 頭也要做空，因此你要出清做多的部位，反手做空。這是你可以擬定的策略。

接下來股價的走勢如何呢？來看圖55。

5 日線向上走，幾乎要恢復 PPP 的格局，不妨在金色星號的地方嘗試做多。

但要小心 5 日線形成 M 頭。

K 線突破了 20 日線，假設在這裡增加做多的部位。不料，隔天出現黑 K 線，股價上漲的力道減弱了。照這樣下去，很可能形

圖 55　注意 5 日線的 M 頭

勝高日線圖②

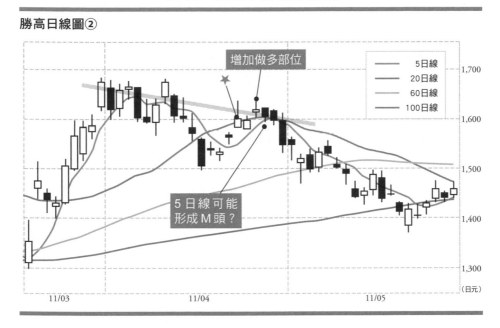

成 5 日線的 M 頭。看到 M 頭就要做空，所以你要先出清手中部位。

停損也是一種避險

　　預測未來可能出現 M 頭，提早出清手中部位，這屬於一種停損避險的概念。雖說是停損的措施，但你也不會蒙受太大的損失。

　　從資金管理的層面來看，下單後就該想好何時停損。有些人看到股價下跌 5％ 就會停損。

不過勤於預測未來走勢，及早出清手中部位，倒也不用把資金管理想得太複雜。

只要你持續在股海打滾，就必須有效運用手中的資金，反覆進行交易。及早出清部位，就能把損失壓到最低，回收資金用於下一次投資。

這就是基本的「波段」操作，及早想好下一個應對措施，在適當的時機進場和退場，你就不用太擔心資金管理的問題。

一旦察覺決策錯誤，即時修正

均線呈現 PPP，5 日線卻呈現 M 頭，這是應該做空的格局（見圖 56）。因此要在黑 K 線的反下半身出現時做空。

通常是等紅 K 線出來再回補就好，第 1 根紅 K 線出來還不用急著回補。要忍耐，等下一根紅 K 線出來再回補。

聽我這樣講解，感覺是不是很簡單？然而，在金色星號的位置立下交易策略，幾天後卻遇上困難的格局。

一場交易是否成功，取決實戰中能否適當變更交易策略。

我們回頭來看這一個困難的格局。

當你決定做多，之後卻冒出黑 K 線。

圖 56 　靈活擬定交易策略

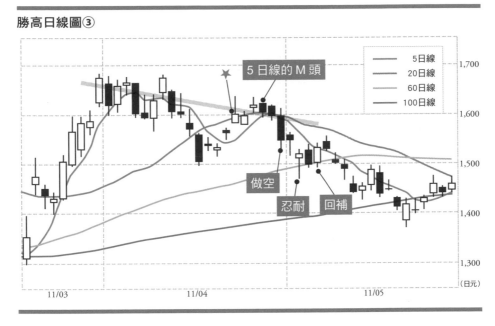

勝高日線圖③

看到這根黑 K 線冒出來,重點在你能否察覺做多是錯誤的策略。接下來的關鍵是要有警覺心,未來可能會形成 M 頭的格局。

黑 K 線冒出來以後,你的腦海裡要先有這些觀念,趁早出清做多的部位,反手做空。

每天多看線圖,多做沙盤推演,實際累積交易的經驗,才有辦法在詭譎多變的盤勢下靈活改變作戰計畫。

23

多做沙盤推演，靈活改變策略

觀察均線和股價變動，擬定 5 種策略

接下來看圖 57 日本資生堂（4911）的日線圖。

基本策略是，K 線在 100 日線下方，均線呈現反 PPP 的格局，因此在金色星號的地方要嘗試做空。

金色星號的地方雖然是紅 K 線，但股價沒有超越千元大關，待 5 日線下方出現黑 K 線，而且是反下半身的時候，就可以下空單了——這是主策略①。

不過，只有這個策略是不夠的，萬一股價呈現其他走勢，你就無法應對了。所以你需要不一樣的策略。

主策略②，股價可能跌到千元大關止跌，並再次上漲。

主策略③，股價突破千元大關，一路漲上去。

圖 57　預測資生堂未來的股價

資生堂日線圖①

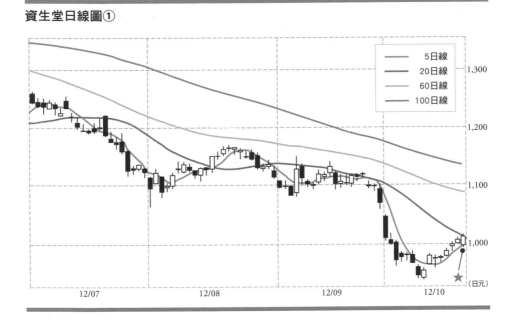

主策略④，然而股價距離 60 日線和 100 日線尚有一段距離。
你預期未來可能下跌，決定在下跌後做空，這也是可擬定的策略。

在這樣的情況下，等於反 PPP 的格局中，可能出現 5 日線的
W 底。這時就多了一個主策略⑤，股價可能突破 20 日線，稍微回
跌一陣子，碰到千元大關後再次上漲，這就形成 N 大*的格局。這
種格局你就應該做多了。

---

* 　5 日線先漲後跌，並再次上漲，屬於上漲訊號。還有反 N 大的格局，這是先跌後漲，
　並再次下跌，屬於下跌訊號。

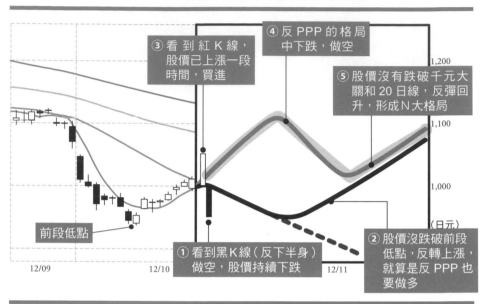

圖 58　資生堂未來的 5 種股價交易策略

③看到紅 K 線，股價已上漲一段時間，買進

④反 PPP 的格局中下跌，做空

⑤股價沒有跌破千元大關和 20 日線，反彈回升，形成 N 大格局

前段低點

①看到黑 K 線（反下半身）做空，股價持續下跌

②股價沒跌破前段低點，反轉上漲，就算是反 PPP 也要做多

12/09　　12/10　　12/11

1,200
1,100
1,000
（日元）

出現 W 底、下半身格局，反手做多

接著看圖 59。股價在千元大關出現黑 K 線，呈現反下半身的格局，這時候應該做空。

你該一邊觀察股價，一邊擬定策略，未來股價可能持續跌，或是跌到前段低點止跌。

果不其然，股價跌到前段低點止跌，還出現紅 K 線的下半身。不僅如此，5 日線站在 20 日線之上，雖然一度接近 20 日線，但沒有跌破，反而還向上漲。收盤時股價也突破千元大關。

圖 59　看前段低點預測 W 底，反手做多

資生堂日線圖②

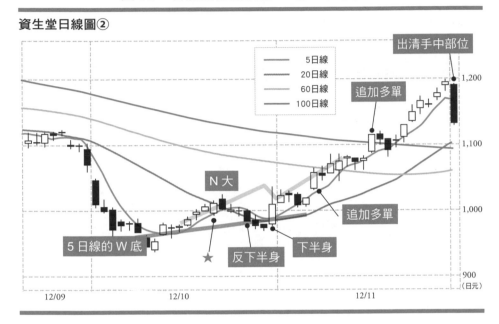

仔細一看，5 日線形成 W 底。在反 PPP 的格局中，看到 W 底也該做多。5 日線持續上升的話，也會形成 N 大的格局。看到下半身出現，就該放棄做空，反手做多。

之後看到跳空的紅 K 線，你要追加做多的部位，並在大根黑 K 線出現時出清部位。

24
反覆練習，從容應對任何盤勢

尋找相似線圖，提出交易分析

前文講解了 5 大例題，大家是不是覺得很簡單？

看說明都很簡單，但實戰中你需要嫻熟的操作技巧和經驗。

我已經用這些例題證明給大家看了，只要學會這些技巧，多加磨練，不管在任何盤勢都派得上用場。

請大家反覆觀看這些例題，加深自己的理解力。

理解得越透徹，遇到類似的盤勢你才會知道該用哪些技巧。

有空請找一下跟這 5 大例題相似的線圖，相信你會找到不少類似的股價走勢，找到以後請提出自己的分析。

你可以對著牆壁解說，對牆壁解說太無聊的話，對著窗外或行人解說也行，不然對著過世的親人說話也好。

要對虛擬人物講話我也不反對，總之試著說出你的策略，還有沙盤推演的經過。說出自己的想法，你的觀念和思考才會更明確。

我也是透過著書和授課，來深化自己研究的技巧，提升我個人交易的本領。

對自己出題，熟悉各種走勢

有辦法解說類似的盤勢後，接下來你要尋找不一樣的股價走勢，擬定出全新的例題，然後試著提出你的解釋。

例如，「抓正中直球」的例題、看「分歧」的例題、看「M頭、W底」的例題，還有運用多項技巧的例題。總之，要試著對自己出題。

這是很耗腦力的功夫，你得將一身所學發揮到淋漓盡致，才能擬定問題，並提出解說。這種練習方式，對於增進實力大有益處。

練習久了，你在實際交易時，看到各種訊號就猜得出未來走勢了，勝率保證大幅提升。

好比K線站在100日線之上，屬於多頭格局；均線呈現PPP，漲勢會死灰復燃；分歧走勢即將成形，未來還有漲勢；5日線形成W底，也象徵跌勢將盡。

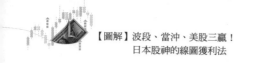

多練習實戰才會進步

實際交易幾次，若有不錯的成果就自己看線圖出題，試著分析那些盤勢，然後反覆練習並進行交易。多練習、多累積實戰經驗，你的交易技巧才會越來越高明。

運動、武術、下棋都是一樣的道理，多練習才會進步，比賽的勝率才會提升。

多看線圖多練習分析技巧，你才有辦法練就一身本領，應付詭譎多變的盤勢，成功在股海掏金。

第 **5** 章

因應走勢不如預期的
「部位」操作

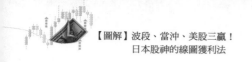

25

規避風險和提升獲利的多空雙做

所謂的部位操作，就是同時持有「做多」和「做空」，隨著股價變動和交易狀況，增加或減少持有的數量。

精通部位操作的技巧，可以在同一個局勢，同時賺到多空兩面的價差。萬一下單後股價走勢不如預期，也有規避風險和提升獲利的作用。

部位操作分「攻擊型」和「防守型」

這個技巧對初學者來說困難了一點，但仍務必要精通部位操作。

一開始請先了解，部位操作有分兩大類型。一種是「攻擊型部位」，另一種是「防守型部位」。

「攻擊型部位」是在特定的條件下，增加做多或做空的部位，並分批出手增加部位，將獲利極大化。

「防守型部位」主要是用來減少損失，也就是確保獲利，避免損失的操作法。避險也屬於一種「防守型部位」。

依據準則增減部位，才不會做白工

再說明得更詳細一點。

我舉一個做多的格局來說明攻擊型部位。

假設在股價 100 日元（約新台幣 25 元）時買進，股價也確實漲上去了。

你在 150 日元（約新台幣 38 元）的時候增加部位，不料剛好買在高點，股價隨後下跌，跌到 125 日元（約新台幣 32 元）。你買在 150 日元的股票賠了 25 日元（約新台幣 6 元），買在 100 日元的股價只賺 25 日元，一賺一賠剛好做白工。

不過，萬一股價跌回 100 日元，你就倒賠 50 日元（約新台幣 12 元）了。換句話說，未經深思隨便增加部位，反而會拖累一開始的布局。

因此追加部位必須遵守規則，才不會賠了夫人又折兵。

圖 60　在不對的時機增加部位，反而打亂布局

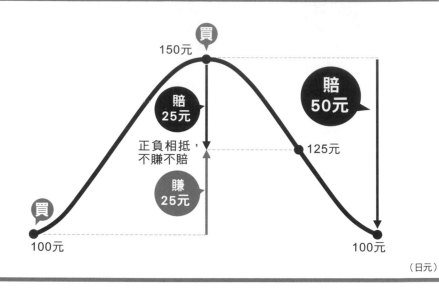

（日元）

比方說，股價上漲了一段時間，呈現持平的走勢。你得在股價有所突破，或是跨越特定關卡時，再來追加部位，因為未來股價有很大的機率繼續上漲。

順應這條準則追加手中的持股，等於是在增加你的部位，將獲利極大化，這屬於一種「攻擊型部位」。

另外，在上漲趨勢中預期未來走跌，採取「分批出手」的方式，也是一種「攻擊型部位」。亦即在股價上漲時先賣一點，股價再漲就再賣一點，持續分批出手的交易方式。

大家可能會想，既然這樣直接賣在高點不就得了？

例如，第一次賣在 1,000 日元（約新台幣 250 元），第二次賣在 1,200 日元（約新台幣 300 元），第三次賣在 1,400 日元（約新台幣 350 元）。與其這樣分批賣，為何不做一次賣在 1,400 日元？

問題是，要事後回過頭來看，才會知道高點是 1,400 日元。股價在上漲時，你不曉得會漲到哪裡，搞不好漲到 1,300 日元就跌了。

做空要賣在高點，下跌時回補才能賺到更大的價差。賣空就是期待未來股價走跌，但我心態比較特殊，反而期待股價一路漲上去。

請跟我一起保持這種「特殊」的心態，精進交易技術吧！

圖 61　上漲時分批出清也是一種「攻擊型部位」

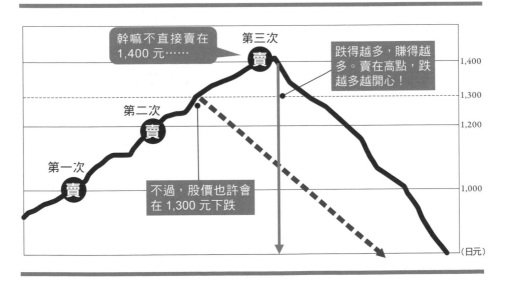

防守型部位能確保獲利、避開風險

再來講解「防守型部位」。

假設你手中有做多的部位，黑 K 線出現在 5 日線下方，這是反下半身，應該停損 —— 這也是一種部位操作手法。

換句話說，你手中的部位歸零，也代表你有在操作部位。

停損是非常單純的「防守型部位」。畢竟繼續持有部位，損失會不斷擴大，這種「防守型部位」就是要避免損失。

避險是相當重要的「防守型部位」。避險主要是基於「買保險」的思維在操作，如同買車怕發生車禍，也會事先投保一樣。

假設在上漲趨勢中持有做多部位，結果股價下跌。若你預測未來股價會再漲，就該採取避險策略。

盤面上，均線由下到上分別是 100 日線、60 日線、20 日線，只有 5 日線向下走。這時候不要出清手中做多部位，直接反手做空（見圖 62）。

避險的原因在於，股價若只是暫時下跌那還沒關係，萬一股價一路跌下去，就算砍掉手中做多的部位，也還有做空的獲利可以填補損失。

比方說，你手中有 3,000 股的持股，現在股價下跌了。你認為股價會漲回來，但你又擔心跌勢擴大會造成重大損失，因此決定做

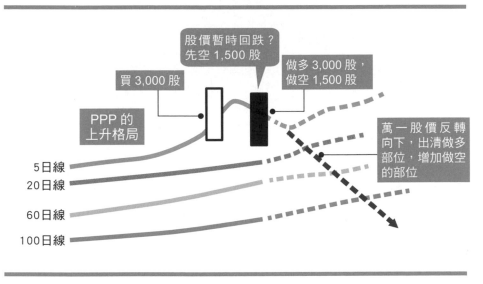

圖 62　利用防守型部位規避風險

空 1,500 股。

這就是所謂的避險。萬一股價真的跌下去，你沒有賣空 1,500
股避險，你手中的 3,000 股會一直賠下去。可是有了避險操作，可
以保有你的獲利。

如果股價反轉呈現空頭走勢，還可以出清做多部位，增加做空
的部位，靠做空來獲利。

26

何時該攻擊？何時該防守？

用哪一種部位操作，取決交易目的

「攻擊型部位」和「防守型部位」的差別在哪裡？

差別在於你的企圖。你的企圖為何，會影響到你使用的手段。

「攻擊型部位」的企圖，我在分批出手的地方說過了。

也就是在股價上漲的格局反覆做空，第一次賣空 1,000 股，隨著股價上漲賠錢；第二次和第三次賣空的 1,000 股，也同樣賠錢。乍看之下，這是不斷賠錢的錯誤交易方式。

不過假設投資人詳查過去的線圖，判斷股價會在 5,000 日元（約新台幣 1,250 元）大關下跌，因此事先布局。這是看準 5,000 日元大關會跌，所以反覆放空，屬於一種「攻擊型部位」。

那麼，「防守型部位」的企圖何在？請思考前文提到的避險。

前文提到過，在多頭格局做多之所以要避險，主要是投資人認定股價只是暫時回跌，不願出清手中做多的部位；但投資人又擔心股價一路走跌，才會買個保險避免損失擴大。

這時候賣空的部位，其實是用來保護做多的 3,000 股。

「攻擊型部位」是增加部位以求獲利極大化，「防守型部位」是建立部位以保護手中現有的部位。

搞清楚你要的是什麼，你就會知道該用哪一種部位了。

操作部位的關鍵在於，要了解你目前需要「攻擊型部位」還是「防守型部位」。

舉例來說，做多後股價下跌了。如果你看多是錯誤的判斷，就不該用避險的手段來保護做多的部位，而是應該停損。之後，仔細觀察股價走勢，等真正的跌勢出現以後，再以「攻擊型部位」做空。

你是判斷錯誤才會做多，根本不該賣空來保護部位。這種情況下同時持有兩種部位，稱不上合宜的手段。

因此要先明白自己該攻擊還是防守，再來執行部位操作。

以下用具體的例子來說明。

看錯空頭，與其做多避險，不如出清做空部位

部位操作的買賣單位，通常是用「1 賣 1 買」的方式做記錄。至於你的買賣單位是 100 股、500 股、1,000 股都無所謂（見第 02 節）。

假設一單位等於 1,000 股。所謂的「1 賣 1 買」，意味著你做空 1,000 股和做多 1,000 股。

圖 63 是投資人預期股價會跌，不料做空後被軋空的狀況。

黑 K 線出現在 5 日線之下，投資人預期股價走跌，結果放空後的隔天股價就上漲了。

一般投資人的想法是：「這次做空穩賺的，現在出清做空部位就賺不到了。乾脆用做多的方式避險，保護做空的部位。」

投資人執行避險策略，是預期股價早晚會跌下來，想保有做空的部位，等待股價下跌。這時候用來避險的做多部位，就是保護做空的「防守型部位」。

多空部位總計是「1 賣 1 買」，「1 賣」是準備靠放空獲利的部位，「1 買」是用做多避險的部位。

5 日線要在 20 日線之下，呈現下跌的趨勢，看空的判斷才算正確。可是均線的排列方式並非如此，5 日線在 20 日線之上，呈現上漲趨勢。

圖 63　部位操作前要先了解趨勢

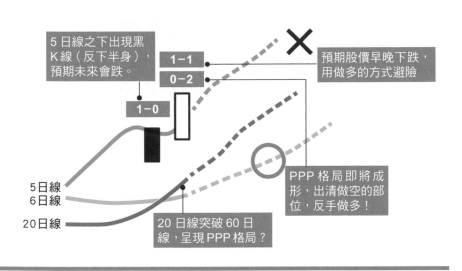

而且，60 日線和 20 日線交叉，呈現 PPP 格局。換句話說，看空的判斷是錯誤的。

既然看錯了，就不該用避險來保護做空的部位。

那該怎麼操作部位呢？現在可以合理推斷，股價未來有很高的機率上漲，所以應該出清做空的部位，增加做多的部位（0 賣 2 買）。這下你就要靠做多來獲利了。

因此做多的部位就變成攻擊型部位，而非避險。

建立部位時，先了解自己的交易策略

我把部位分成攻擊型和防守型，但重點並不在於類別。而是要
搞清楚自己是在進攻或防守。

在搞不清楚的狀況下隨意出手，誤判情勢才想反向操作，這是
不行的。

例如，做多以後股價下跌，那麼接下來做空是要避險？還是要
在格局反轉的時候靠做空獲利？進行部位操作前，應該先釐清自己
的意圖。

靠做空避險（真正的意圖是靠做多獲利，做空只是「保險」），
等股價再次上漲時，就該出清避險的部位。反之，股價一蹶不振的
話，避險部位就該轉為攻擊型部位，並出清做多的部位，轉手繼續
做空。

**所以要先理解自己的攻守需求，才有辦法做出適當的部位操
作，適時增加或減少手中的部位。**

27

續抱做多部位，用做空避險

前段投資人獲利了結，產生短暫賣壓

接下來我用日本水產的日線圖來說明部位操作。

圖 64 的股價從 9 月一路走跌，均線呈現反 PPP 的格局，屬於下跌趨勢。

11 月股價短暫回升，但碰到 60 日線壓回。股價沒有跌破前段低點，而是又一次往上貼近 60 日線，然後下跌。

不過後續走勢中，這波跌勢只有稍微攪破 20 日線，沒有繼續往下跌（見圖 65）。400 日元（約新台幣 100 元）附近的低點也一路墊高。

再看均線的排列方式，60 日線、20 日線、5 日線互相貼近，20 日線和 5 日線也站到 60 日線之上。

這似乎算是上漲的訊號了，我們試著在紅 K 線出現後買入

圖 64　均線呈反 PPP，但股價碰到 60 日線後壓回

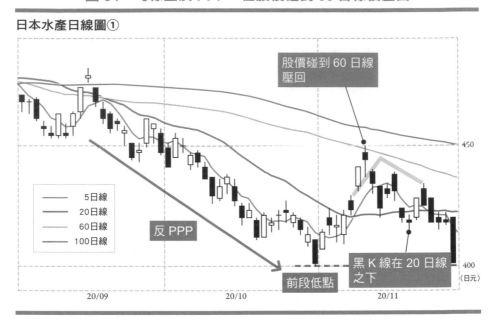

日本水產日線圖①

- 5日線
- 20日線
- 60日線
- 100日線

反 PPP

股價碰到 60 日線壓回

黑 K 線在 20 日線之下

前段低點

450

400
（日元）

20/09　　20/10　　20/11

圖 65　下跌走勢中，出現上漲訊號

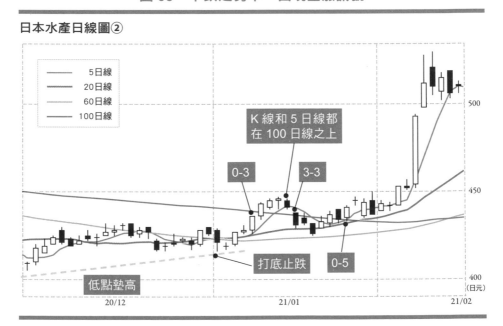

日本水產日線圖②

- 5日線
- 20日線
- 60日線
- 100日線

K 線和 5 日線都在 100 日線之上

0-3

3-3

0-5

打底止跌

低點墊高

500

450

400
（日元）

20/12　　21/01　　21/02

3,000 股，部位是 0 賣 3 買。

股價開始上漲，但不一定會直接漲上去。因為買在前段低點的人獲利了結，賣壓會造成股價先回跌再上漲。

果不其然，站在 100 日線上的股價又掉下去了。這下問題來了，你做多的 3,000 股該怎麼處理才好？

先出清手中部位，等股價回跌結束，在漲上去的時候買回來，這也是一個方法。

股價暫時下跌，用做空避險

觀察股價下跌前的 5 日線和 K 線，兩者都在 100 日線之上。過去股價上漲也從沒到 100 日線之上，如今股價站上去了。就算股價暫時下跌，未來也有很高的機會漲上去。

再者，從過去的股價變動來看，只要股價沒跌破 20 日線，也會漲上去。而你建立做多的部位，就是期待股價繼續往上漲。

因此看到股價稍微跌破 100 日線，你也不該出清手中的部位，應該續抱做多的部位，用賣空來避險，這才是最好的做法。

現在你做空 3,000 股避險，部位是 3 賣 3 買。如此一來，你就有做多的 3,000 股，還有做空的 3,000 股了。萬一股價下跌，也還是有利可圖。

假設賣空避險時，已經靠做多賺到 30 萬日元（約新台幣 7.5 萬元）了。未來股價下跌的話，就會侵蝕到 30 萬日元的獲利。不過，先做相同的賣空部位來避險，萬一股價跌了，你也還有做空的獲利，等股價跌回你買進的價位，到時候你做多停損，也還有做空的 30 萬日元獲利。

換句話說，這一次避險的用意是，你預期股價暫時回跌後，還會再漲上去。如果預測錯誤，股價一路走跌，那至少有避險就不會賠錢。

到時候出清做多的部位，也是在買進的價位，不會有任何損失，而你還有賣空的 30 萬日元獲利，可以安穩入袋。

圖 66　用賣空避險的策略

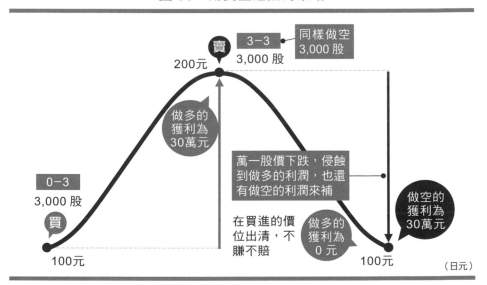

股價如期上漲，追加做多

實際避險後，股價果然如我們預期，5 日線沒有攢破 20 日線，還繼續往上漲。這時候要出清做空的部位，再增加 2,000 股做多的部位，也就是全部 5,000 股的做多部位。部位是 0 賣 5 買。

等股價持平或出現 M 頭時再出清就好。

你必須仔細觀察過去的股價變動，察覺適合做多的氛圍，以及股價續揚的可能性。好比觀察均線的走勢，還有低點墊高的情況，以及股價站上 100 日線等。有了精準的觀察和預測，才能做出適當的部位操作。

本節用日本水產進行模擬，練習避險和增加部位的技巧。其實類似的格局，在其他股票也看得到。所以請務必了解這一連串操作的用意，好好學起來。

28

看準走勢後，追加部位放大獲利

預期走跌，可逐步布局做空

圖 67 是積水房屋日線圖。

均線的排列方式是反 PPP，呈現下跌的趨勢。7 月股價稍有回升，但最終還是下跌。

8 月股價再次回升，均線由上至下分別是 100 日線、60 日線、20 日線、5 日線，同樣是反 PPP。這一次漲幅未來也極有可能下跌。

於是，你可以先行做空布局。

股價上漲後出現黑 K 線，看空幾乎是十拿九穩了。先做空 1,000 股，部位是 1 賣 0 買。

隔天出現紅 K 線，股價在 5 日線之下，暫不動作。

接著出現的黑 K 線在 5 日線之下，5 日線沒有碰到 20 日線，

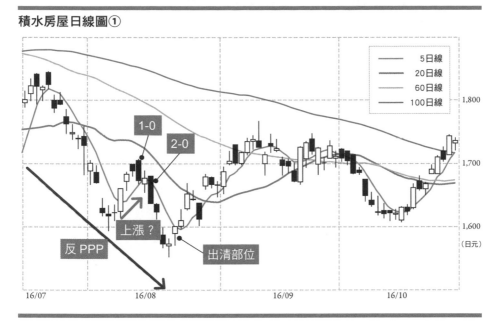

圖 67　反 PPP 加上分歧，追加賣空部位

積水房屋日線圖①

兩者呈現分歧走勢。反 PPP 加上分歧，未來下跌的可能性又將更大了。

所以再做空 1,000 股，部位變成 2 賣 0 買。

這屬於「攻擊型的部位」，用意是追加部位提升獲利。

股價下跌後，看到第 1 根紅 K 線先不用動作，等第 2 根紅 K 線出來再出清部位。

股價起漲先試水溫，確定趨勢再加碼

接下來看圖 68。股價打底後向上漲，5 日線突破 20 日線和 60 日線，之後呈現區間震盪的走勢。

股價上漲後震盪，代表多方力竭，可能是下跌的預兆。5 日線努力突破 60 日線，但後續摜破 20 日線，最後連 60 日線也摜破了。看到 20 日線下方那個灰色星號的黑 K 線，就知道該做空了。

這種情況下除了做空，你還可以擬定另一項策略。

請仔細看 20 日線，過去 20 日線一直在 60 日線之下，現在站上去了。5 日線雖然走勢疲弱，但在區間震盪的過程中，有兩次站到 60 日線之上。

合理推測，這時候的上漲力道比 8、9 月要強一些。

如果這一波跌勢的低點，比上一波的低點高，屆時這一波低點和 8 月的低點形成 W 底，未來股價有很高的機率漲去上。

既然如此，這局勢不只能做空，甚至還能做多。

股價走跌後持平，這時候的持平代表空方力竭，股價有相當高的機會走揚。

金色星號那天出現的是上影線*極長的 K 線，還無法判斷跌勢

---

* 長長的上影線代表股價雖然大幅上漲，但遭遇壓力大幅回跌的狀況。這意味著強勁上漲的股價難以維持，最後下跌。

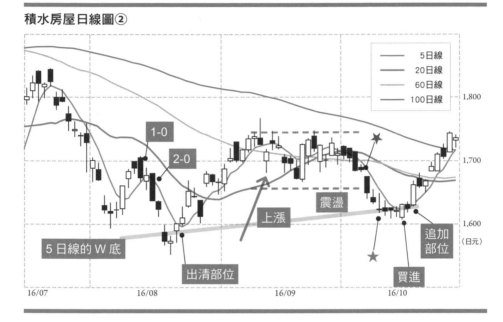

圖 68　形成 W 底，未來股價可能回升

積水房屋日線圖②

結束。隔天出現黑 K 線，也還是無法斷定。

再過一天又是黑 K 線，股價連續 3 日持平。倘若股價在這裡打底，就比 8 月的低點還要高，形成 W 底。

第 4 天出現紅 K 線，可以斷定走勢止跌了。

接下來的紅 K 線突破 5 日線，連續 5 天打底完成，還比前段跌勢的低點高，形成了 W 底。未來股價有可能回升，稍微買一點試水溫。由於趨勢反轉的機率還不算高，做多的部位不要太多。

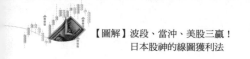

隔天出現黑 K 線，但股價還在 5 日線之上。

下一根紅 K 線（下半身）出現後，底部墊高的格局確實成形，股價走揚的機率大幅提升了，要增加做多的部位。這也是攻擊型的部位，等走勢持平再出清就好。

29

多空分批布局，
既能避險也能增加獲利

預期股價將向下反轉，先分批做空

　　圖 69 是日本郵船（9101）日線圖。後文將藉此例深入講解分批出手的技巧。

　　圖中股價自 7 月下跌後回升，到了 9 月呈現震盪的走勢。

　　這代表之前買在高點的人逃命賣出，而買在低點的人也獲利了結，形成多空交戰的膠著狀態。

　　再看圖 70，股價打破僵持的格局，賣壓已盡，持續有大量買盤，股價再次上漲。

　　不過，股價漲到 2,000 日元（約新台幣 500 元）大關回跌，之後又一次衝關回跌，甚至跌到 60 日線附近。

　　看到這一波跌勢，你可以做出下列推測：

圖 69　股價止跌回升，呈震盪走勢

日本郵船日線圖①

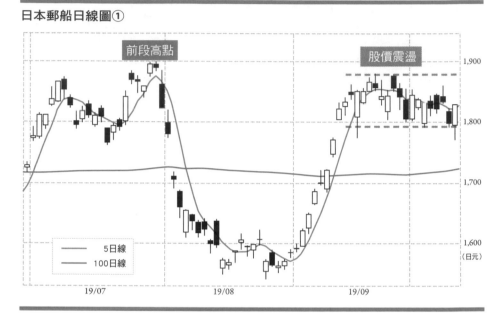

　　2,000 日元是十分重要的關卡，下一波漲勢就算達到 2,000 日元大關，也會有獲利了結的賣壓。之前的高點也差不多是 2,000 日元，換言之，股價在 2,000 日元或稍低的價位，很有可能下跌。既然如此，那就預期股價會在 2,000 日元下跌，分批布局做空。

　　這就是分批出手的基本思維。

股價止跌，先做多再布局做空

11 月股價漲到 2,000 日元後下跌，我們從這裡開始進行部位操作（見圖 70）。

股價跌了以後有漲回一次，接著又跌一些，5 日線上出現了紅 K 線。這時候，5 日線站在 60 日線和 100 日線之上，屬於上漲格局。我們預測未來股價上漲，於是先行做多，部位是 0 賣 1 買。

股價突破震盪的格局，紅 K 線站在 5 日線和 20 日線之上。未

圖 70 股價止跌看多，一開始先做多

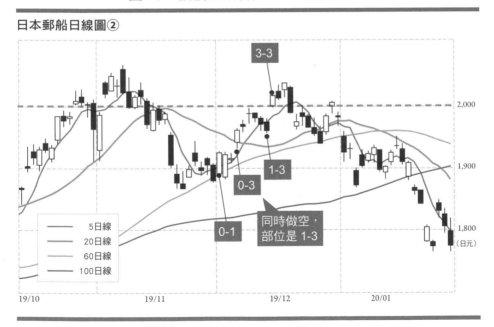

日本郵船日線圖②

來似乎還有一波漲勢，我們追加 2,000 股，部位是 0 賣 3 買。

這次是在接近 2,000 日元大關的價位做多。按照之前的推測，股價差不多也該跌了。因此再來要布局做空，買進後放空 1,000 股。

你現在手上有 3 個做多的部位，股價漲得越高，你的獲利也就越人。雖然賣空的部位會造成虧損，但你至少還有 2 個部位的獲利，可以彌補軋空的損失。

股價稍微上漲後，終於下跌了。不過，均線呈現 PPP 的格局，趨勢不太可能急速反轉，做多的部位續抱，依然是 1 賣 3 買。

股價突破 2,000 日元大關，你手上的做多部位都是賺錢的。

布局做空是看準股價會在 2,000 日元大關回跌，股價快要到 2,000 日元，我們在前段高點的價位追加放空 2,000 股，部位是 3 賣 3 買。

接下來可以合理判斷，3 個做多的部位獲利頗豐，而之前那 1 個做空的部位賠錢。剛追加的放空部位沒賠錢，但也沒有獲利。也就是說，現階段你只有 2 個做多的部位獲利。

有些投資人可能有疑慮。為什麼不出清多餘的部位，確保做多 2,000 股的獲利？

原因在於，我們還要賺可預期的做空利潤。

看空的根據是股價難以衝破 2,000 日元大關，8 月的低點是

1,500 日元（約新台幣 375 元），從 1,500 日元漲到 2,000 日元，相當於漲了 30%的股價。

日本郵船是交易量龐大的大型股，股價上漲 30％，就差不多到頂部了。

再者，先布局 3 個做空的部位，主要是萬一股價暴跌，你也還有 3 個做空的獲利，可以填補做多的虧損。

這代表在你追加到 3 個做空部位時，之前 3 個做多的部位就已經有確切的獲利了（見第 27 節解說）。

當判斷股價可能暴跌，就算出清做多的部位也不會賠錢。增加賣空的部位，等於同時賺到多空兩邊的利潤。

做多獲利了結，追加做空部位

股價突破 2,000 日元大關，但出現的是黑 K 線，形成 M 頭的格局。在 PPP 的格局下看到 M 頭，就是**趨勢反轉**的預兆，也是適合做空的訊號。

因此做空的部位維持不變，出清 1 個做多的部位，獲利了結。現在部位是 3 賣 2 買（見圖 71）。

之後紅 K 線出來了，但在 5 日線之下。下一個黑 K 線出來後，再出清一個做多的部位，部位變成 3 賣 1 買。

圖 71　做多獲利了結，追加做空部位布局

日本郵船日線圖③

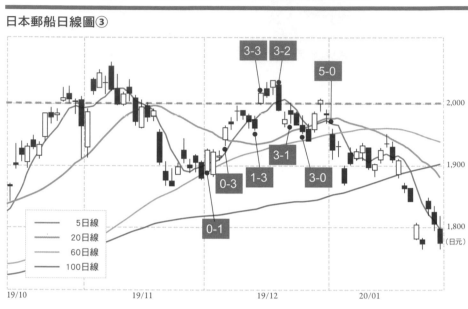

黑 K 線貼近 20 日線，最後一個做多的部位也清理掉，變成 3 賣 0 買。

接下來，出現了影線很長的紅 K 線，股價沒有站上 2,000 日元 大關，再次下跌。5 日線攢破 20 日線，黑 K 線出現在 5 日線下方。 未來下跌的**趨勢**明朗，再追加 2,000 股的做空部位，總共是 5 賣 0 買。

未來是下跌**趨勢**，你就靠放空這 5,000 股獲利。

以上就是分批出手的「攻擊型部位」操作。

這套方法需要找到合適的標的來使用，也就是像日本郵船，漲幅達到一定程度的股票（日本郵船大概漲幅達 30％，就會下跌），而且股價接近關卡或前段的低點。找到就可以分批布局了。

進行分批出手的操作時，最好是一邊追加做多的部位，一邊放空。如果你沒有追加做多的部位直接放空，萬一股價超越關卡或前段高點，一直漲上去的話，就會被軋空。

事先追加做多的部位，就算股價向上突破，做多的部位也能彌補做空的虧損。

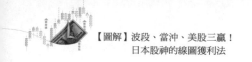

30

分批做空，卻止跌回升，
該怎麼辦？

預測股價將下跌，可先分批出手

月線圖中的每一根 K 線，代表的是一個月的走勢。當你隨著股價上漲分批出手時，請先看月線圖再來看日線圖。先確認大趨勢再來擬定交易策略，勝算會更大。

圖 72 是朝日集團控股（2502）的月線圖。

朝日集團控股從 2012 年開始，幾乎連續漲了 5 年，達到 6,000 日元（約新台幣 1,500 元）大關。2014 年也才 3,000 日元（約新台幣 750 元）的價位，兩年多來就漲了一倍。

股價漲到 6,000 日元後，留下了一個上影線。

上影線代表多方力竭，股價接近頂部。因此可以合理推斷，未來股價會先回跌，之後反彈同樣留下一個上影線，並再次下跌。這

圖 72　看月線圖預測股價將在關卡跌落

朝日集團控股月線圖①

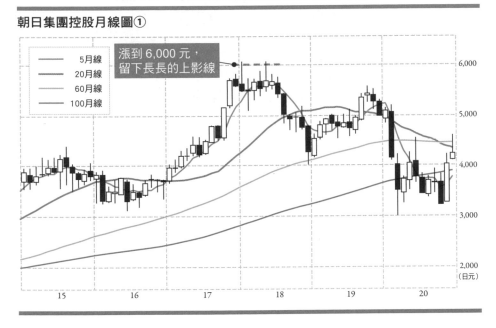

時候就能擬定分批出手的策略了。

具體方法是，在股價止跌回升的那一個月，看日線圖分批空到
6,000 日元大關。

此外，股價從高點下跌，還能再擬定一個策略。

之後股價跌到 60 月線，轉為上漲趨勢（見圖 74）。

不過，20 月線走勢持平，股價必須挑戰 5,000 日元（約新台
幣 1,250 元）和 5,500 日元（約新台幣 1,375 元）的關卡。即便超

越關卡，漲到之前的高點 6,000 日元，還是很有可能下跌。因此要擬定策略分批空到 6,000 日元。

分批做空失敗，出清部位轉手做多

順帶說明一下，分批做空失敗該如何處置？

請看圖 73，2012 年～ 2015 年股價一路從 2,000 日元（約新台幣 500 元）漲到 4,000 日元（約新台幣 1,000 元），4 年來翻了一倍。

圖 73　4 年來股價翻倍

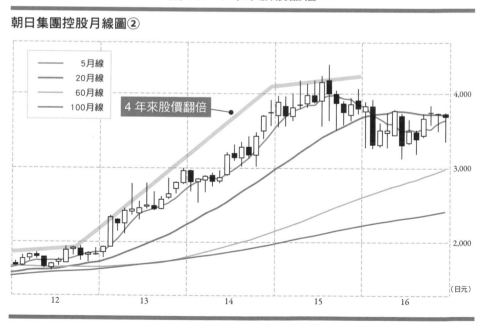

朝日集團控股月線圖②

股價創下高點後,跌到 3,000 日元左右的價位,之後止跌回升(見圖 74)。我們可以合理推測,這一波漲勢到達前段高點 4,000日元,可能會下跌。所以,在 2016 年分批布局做空。

請看圖 74,一開始先做多 1 個部位,再增加 1 個部位。

股價接近 4,000 日元的時候放空,部位是 1 賣 2 買。等股價真的達到 4,000 日元大關,再按照剛才日本郵船的分批布局方式,建立 3 賣 3 買的部位,也就是做空和做多的部位相等。

由於多空部位相同,萬一股價沒在 4,000 日元大關回跌,做多

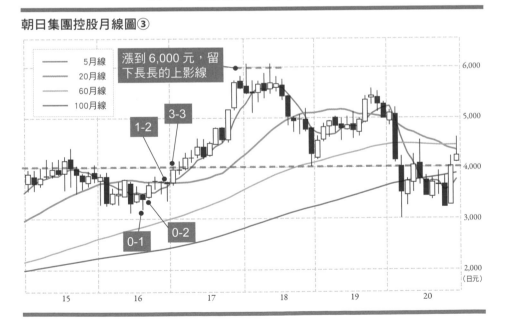

圖 74　分批賣空失敗就轉手做多

朝日集團控股月線圖③

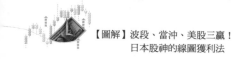
的部位也能彌補軋空的虧損。

這還只是月線圖的分析，確認每一天的日線圖會發現，股價突破 4,000 日元高點，似乎還有向上漲的趨勢。

換句話說，之前看空的預測是錯誤的，分批賣空失敗了。

確定失敗以後，趕快出清手中的做空部位轉手做多，未來還是有利可圖。

分批布局是比較困難一點，但善用避險和部位操作的技巧，有利於規避風險。

看對了獲利將大幅提升，萬一看錯了只要轉換方向操作，也還是有機會轉虧為盈。

31

預測股價會下跌，如何做空同時避險？

漲勢已久且出現反轉訊號，布局做空

接下來講解「防守型部位」的操作技巧。

圖 75 是積水房屋的日線圖。

股價連漲 3 個月，一直持續到 6 月，在 2,000 日元大關時出現黑 K 線。漲勢已維持 3 個月，照理說也該下跌了，先做空 1 個部位試水溫。部位是 1 賣 0 買。

之後紅 K 線和黑 K 線交錯，股價在 2,000 日元的高點附近徘徊，最後下跌。

2,000 日元即是頂部，和高點形成 M 頭的格局。均線雖然是 PPP，但 M 頭是做空的訊號。

M 頭即將成形，所以追加做空的部位，部位是 2 賣 0 買（見

圖 75　出現做空訊號的 M 頭

積水房屋日線圖①

圖 76　M 頭即將成形，追加做空部位

積水房屋日線圖②

圖 76）。

接著，5 日線下方出現黑 K 線，還接觸到 20 日線。股價下跌的可能性更大了，再追加 1 個做空的部位，部位是 3 賣 0 買。

隔天出現紅 K 線，先稍安勿躁。過了一天又出現黑 K 線，繼續追加放空，部位是 5 賣 0 買。

不料過兩天，線圖上出現紅 K 線（金色星號的位置），而且還站在 5 日線上。

這下該怎麼處理才好？

走勢出現下半身，買進同等部位避險

均線呈現 PPP 的格局，這根紅 K 線又是下半身，未來股價有走升的可能。這時候就該做多避險了。

那該做幾個避險的部位才好？請看圖 77。

最安全的做法是跟前文說明一樣，買進同等的部位來避險。倘若未來股價上漲，徹底突破 5 日線的 M 頭，就直接出清做空的部位，保留 5 個做多的部位，賺取做多的獲利就好。

乍看之下，這是最好的策略。

不過多空部位相同也不是沒壞處。如果股價一如預期下跌，這

圖 77　做空的時候避險部位不要太多

積水房屋日線圖③

5 個做多的部位虧損，會侵蝕到你做空的獲利。

好比股價跌到 1,950 日元（約新台幣 488 元），做多的虧損擴大，但做空的利益不會增加太多。因此不要一下子建立同等的多空部位。

換作是我，我會保留 5 賣 2 買的部位。因為光看這一根紅 K 線，無法確定未來股價會漲，所以先做多 2 個部位就好。

別忘了，這 2 個做多的部位是「防守型部位」，用意是要減少股價上漲時軋空的虧損。5 個做空的部位，才是真正的獲利來源。

假設未來上漲，就要反手做多

順便來模擬一下，反手做多的情況好了。

假設隔天出現紅 K 線，股價接近 2,000 日元大關，未來有極高的機會上漲，所以要先出清 1 個做空的部位，並追加 1 個做多的部位，總共是 4 賣 3 買。之後，股價突破 2,000 日元大關，出清所有做空的部位，做多追加到 5 個部位。這時候你該擬定的策略，就不再是靠做空獲利，而是反手做多。

實際的線圖走勢又是如何呢？建立 2 個防守型部位的隔天（5 賣 2 買）出現黑 K 線。又過一天，5 日線和黑 K 線摜破 20 日線，未來有很高的機會走跌。這下要出清做多的部位，部位是 5 賣 0 買。

隔天，做空的部位要增加到 6 個，**跌勢已經確立，也不需要防守型的部位護持了，所以要出清做多的部位。**

到這裡，就是防守型部位操作的模擬演練。

實際進行交易時，你看不到未來的走勢。因此建議人家，平常練習時要遮住 K 線，在看不到未來走勢的情況下，演練部位操作的技巧。

32 如何判斷避險的時機和數量？

避險部位多寡取決走勢強弱

圖 78 是日本跨國化學工業旭化成（3407）的日線圖。

均線呈現反 PPP，股價也有打底，5 日線在 20 日線上方上下震盪，最終 5 日線和 20 日線皆突破 60 日線，甚至還越過 100 日線。

在這樣的格局，金色星號的位置該如何部位操作？

儘管 5 日線向下貼近 20 日線，但 K 線是紅 K 線，未來股價有上漲的可能。所以在金色星號的位置準備做多。

隔天出現紅 K 線，5 日線和 20 日線也在 100 日線之上。

不過，比較令人擔心的是 100 日線的走勢，100 日線是向下走。但 5 日線向上，未來股價還是有機會走揚，先做多 2 個部位，0 賣 2 買（見圖 79）。

圖 78　均線呈反 PPP，但 5 日線和 20 日線向上突破

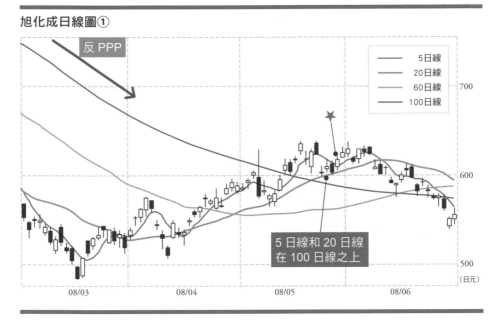

旭化成日線圖①

反 PPP

	5日線
	20日線
	60日線
	100日線

5 日線和 20 日線
在 100 日線之上

700

600

500

(日元)

08/03　　　　08/04　　　　08/05　　　　08/06

　　隔天出現紅 K 線，但下一個 K 線是黑 K 線，股價走跌。然而，現階段無法判斷趨勢反轉，我們繼續以做多為主，順便做空避險，以防股價真的走跌。部位是 1 賣 2 買。

　　至於做空避險該做多少部位呢？如果投資人認定未來一定會漲，那倒沒必要避險。

　　況且股價連漲 3 天，都在 100 日線之上，投資人判斷多方氣焰強烈的話，做空 1 個部位避險也就夠了。

　　不過，我們還可以做出另一個推論。

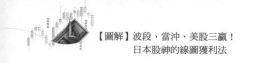

　　5日線首次突破 100 日線向上，但 100 日線還是向下。因此可能會有一次較大的跌幅。如果多方力道夠強，照理說漲幅要更大才對。為求慎重起見，做同等的放空部位，保護做多的部位，部位是 2 賣 2 買。

　　哪邊才是主要的獲利部位？這時候你是看多，因此主力是 2 個做多部位，另外 2 個做空的部位是用來避險的。

　　在這種情況下，建立 1 ～ 2 個做空的部位，讓部位達到 1 賣 2 買、2 賣 2 買，絕對比完全沒避險要好。

圖 79　5 日線向上，未來有機會走升

旭化成日線圖②

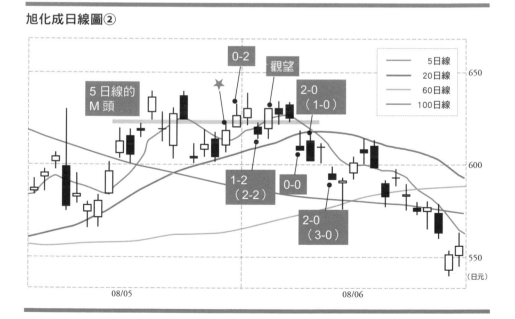

　　結果，避險後股價漲上去了，轉為上漲趨勢的可能性大增，看是要增加做多部位，還是出清做空部位都行。

　　不過這時候的股價只接近前段高點，還沒突破前段高點，就無法斷言上漲趨勢確立。所以還是保留 1 賣 2 買或 2 賣 2 買的部位，持續觀望。

下跌走勢明顯時，出清做多反手做空

　　股價上漲 3 天，隔天出現黑 K 線，之後的走勢只漲 1 天，接著就是黑 K 線並排，股價下跌。股價未能突破前段高點，5 日線形成 M 頭，似有下降的趨勢。

　　果不其然，5 日線下方出現了一根黑 K 線，這根黑 K 線還有上影線。看到這種線圖就知道多方力竭了，留下做空的部位就好，出清做多的部位。

　　因為事先有避險，多空都是 2 個部位，不會有什麼虧損。接著出清多空 2 邊的部位，觀望未來的走勢。

　　出清做多部位的隔天，線圖上出現黑 K 線，5 日線也向下走。再來要採取做空的策略，看是要做空 2 個部位，或只做空 1 個部位。

　　接著，繼續追加做空部位（2 賣 0 買，或 3 賣 0 買），續抱到跌勢尾聲。

部位操作前先了解獲利主力在哪裡

以上就是部位操作的技巧，我來歸納一下重點。

所謂的部位操作，就是增減多空部位，轉移攻守重心的技巧。

部位有分攻擊型部位和防守型部位。投資人的意圖，會決定部位操作的攻守性質。

看多時增加做多的部位，屬於攻擊型部位。若股價有機會走揚，但暫時回跌，這時候做空的部位，就是保護做多的防守型部位。

根據我多年來的經驗，進行部位操作最大的關鍵在於，要搞清楚自己操作部位的目的是什麼？

比方說，在做多時遇到股價下跌。那麼你出手避險前，要先搞清楚自己做多的依據是什麼？還有做多的依據是否正確？再來審慎思考，是否真的有必要避險？做多的依據正確的話，那就果斷避險，不正確就不要避險。這樣一來，就不會在不該避險的時候出手。

另外，要時刻提醒自己，做多和做空哪一邊才是你的主力？主要的獲利是靠哪一邊？弄清楚這一點，你才會及時察覺增加部位的時機。

因此進行部位操作前，想清楚你手上的部位有何意義，這才是重點所在。

33

分批出清避險部位的「步步為營法」

股價接近整數關卡前，分批布局做空

部位操作有各種複雜的技巧，好比逐漸增加避險部位，或是同時確立多空部位來進行避險等。

這裡介紹一個比較複雜的操作技巧，稱為「步步為營法」。

請看圖 80，股價慢慢接近關卡，投資人分批布局做空。一開始先做空 1 個部位（1 賣 0 買），之後股價續漲，再追加 2 個做空部位，變成 3 賣 0 買。

股價更接近關卡，再增加 3 個做空部位。先空 1 個部位，再空 2 個部位，現在又空 3 個部位，總共是 6 個做空的部位，6 賣 0 買。

這時，前面 3 個做空的部位是賠錢的，但另外 3 個新的部位還沒損失。

圖 80　「步步為營法」①

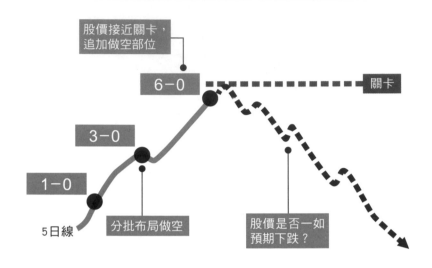

股價接近關卡，
追加做空部位

6－0

3－0

1－0

5日線

分批布局做空

股價是否一如
預期下跌？

關卡

股價終於漲到關卡，走勢也開始持平，呈現不安定的走勢，難以斷定未來多空。

一種可能是，股價持平後先走跌，之後漲上去突破頂部。另一種可能是，先跌後漲，但無法突破前段高點，反轉向下（見圖81）。

萬一股價按照第一種可能性走，為避免軋空的損失擴大，先做多6個部位，跟做空的數量一樣，總共是6賣6買。

如果股價真的漲上去，就逐步賣掉做空的部位，最後靠做多的方式獲利。

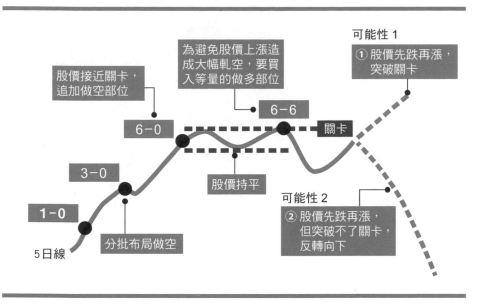

圖 81 「步步為營法」②

可能性 1
① 股價先跌再漲，突破關卡

為避免股價上漲造成大幅軋空，要買入等量的做多部位

6－6

股價接近關卡，追加做空部位

6－0

關卡

股價持平

3－0

可能性 2
② 股價先跌再漲，但突破不了關卡，反轉向下

1－0

5日線

分批布局做空

在跌勢確立前，續抱做多的部位

結果股價按照第二種可能走，真的下跌了（見圖 82）。

格局形成 M 頭，未來走跌的機率上漲。看到股價開始走跌，先不要急著出清手中做多的部位。因為現階段還有上漲突破高點的可能性。

先清掉 1 個做多的部位，保持 6 賣 5 買。

剩下 5 個做多的部位後，股價稍微漲了。未來還有軋空的風險，再把部位加回 6 賣 6 買。

圖82　「步步為營法」③

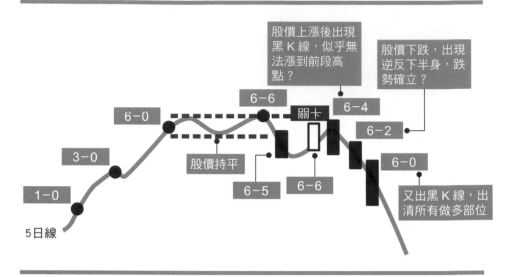

股價上漲後出現黑 K 線，故合理推測，股價無法到達前段高點，有可能下跌。於是出清兩個做多的部位，保持 6 賣 4 買。

股價開始下跌，反下半身出現，幾乎已經能斷定是下跌趨勢了，部位改成 6 賣 2 買。由於還不確定股價一定會跌，因此保留少許做多的部位。

之後，壓垮股價的最後一根反下半身出現，出清所有做多部位，總計 6 賣 0 買。

以上介紹的部位操作，是在高點時保持等量的多空部位，並漸漸出清做多的部位。慢慢出清避險的部位，逐步達成本來的目的，所以又稱為「步步為營法」，這是很早就有的技巧。

部位操作有很多深奧的技巧，種類也相當繁多，你在交易時，難免會碰上需要部位操作的格局。了解越多部位操作技巧，遇到任何狀況都能沉著應對、力保不失。

深入研究部位操作，精通箇中奧妙具有重要意義。

第 6 章

每天落袋為安的
當沖交易法

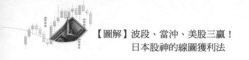

34
當天決定盈虧，
不必擔心隔日漲跌

當沖要在幾分鐘內擬定交易策略

首先，來談一下當沖的基本思維。

事實上，當沖跟前文提到的波段交易一樣，也是用 K 線和均線來預測股價。

這樣說也許聽起來很簡單，但並非如此。

做波段和當沖最大的不同在於，**當沖沒有太多時間讓你思考判斷，必須當機立斷**。實際操作比用講的還要困難。

做波段可以參考日線圖或週線圖，比對我教你的訊號判讀法，等確定多空的**趨勢**再來交易。

以日線圖來說，波段操作你只要在當天收盤看一下完整的線圖，隔天開盤前擬定策略就好；週線圖也是，看一下週五的完整線

圖，利用週末時間慢慢擬定策略，在下週一早上開盤前下單就好。

然而，當沖用的是分線，我個人是看 15 分線，也就是 15 分鐘完成 1 根 K 線。K 線完成後就得馬上做出判斷，或在 K 線形成的過程中，擬定下一步策略。

看日線圖有一晚的考慮時間，看週線圖則有將近三天的考慮時間，當沖卻只有 15 分鐘的考慮時間。

也有人用 1 分線，這必須在極短的時間內下單，只有少數專業高手才做得到這種事。

這就是波段和當沖最大的不同，也是當沖最困難的地方。

當沖的優點是，就算交易失利也會在一天內結束，收盤後基本上不會有持股，不用擔心明天的市場狀況。

當天交易失利，隔天轉換一下心情，把前一天的損失賺回來就好。

越精通波段，當沖勝率越高

相信不少投資人對當沖很感興趣，大概是因為當沖可以馬上落袋為安。不過那也要有足夠的技術才賺得到，沒有精進的技術就賺不到錢。

不要想賺一點蠅頭小利就好，缺乏訓練和實戰經驗的人，只會不斷賠錢，連蠅頭小利都賺不到。

好比小時候學過一點武術，結果就跑去挑戰職業的格鬥選手一樣；又或是剛考到駕照的菜鳥，直接跑去參加賽車比賽，兩者都是有勇無謀。到頭來肯定不會有好下場，這是顯而易見的道理。

精通我教的技術，先靠日線和週線做好波段交易，再來練習當沖，否則不可能會有好結果。要靠當沖賺錢不是件容易的事，難度非常高，請務必小心。

當然，我不是說不能做當沖。

只要打好基礎，認真研究就辦得到。學得越精，當沖的勝率就越高。一天要賺到一、兩萬日元不是問題，說不定還能賺更多。

我的學員，有人一天就獲利 10 萬日元（約新台幣 2.5 萬元）；還有人一天賺到 1,000 萬日元（約新台幣 250 萬元），但這不是每天都有的。總之，賺不賺得到要看你有多努力學。

只做成交量大的股票，股票較易預測

有一些半職業的高手每天都在交易，乍看之下賺了很多錢，其實也虧了不少。他們選擇的交易標的，多半是漲跌起伏極大的股票。大概是以為波動大的股票比較好賺吧。

面對劇烈的波動，他們的交易績效看起來也是時好時壞。

這種交易方式形同賭博，長期下來根本賺不了大錢。

真的想賺大錢，請挑選東證上市企業那類成交量大的股票。**成交量大的股票價位波動更為安定，也比較容易預測**（見第 09 節末）。

在可預測的時機出手交易，才會有長期而穩定的獲利。

說到股價波動，剛開盤 9:00 ～ 10:00[*] 這段時間也最好不要當沖。之後我會用線圖說明原因，這一段時間的股價變動不穩定，很難判斷多空走勢。

---

* 東證所的交易時間為上午 9:00 到 11:30 和中午 12:30 到下午 3:00 兩個時間段。

35
當沖必學指標：15 分線和 5 分線

避開股價變動劇烈的開盤頭 1 小時

要做當沖，必須從開盤就一直在電腦前面盯盤。問題是，一整天都黏在電腦前面，會不會覺得自己在浪費生命？

因此 9:00 ～ 10:00 這段開盤後波動較大的時間，就不要盯盤。做 10:00 到中午這段時間，或一週做一、兩天當沖就好，剩下的時間做波段。試著安排一段空閒時間，不要整天黏在電腦前面。

我建議大家用 5 分線或 15 分線做當沖。15 分線 1 根 K 線走完要花 15 分鐘，家庭主婦在交易之餘，還能利用時間做點家事。

中途要去上個廁所、喝杯咖啡，稍微做點體操也沒問題。

有的投資人使用 1 分線，這是一種間隔非常短的線圖，1 分鐘完成 1 根 K 線。意思是必須在 1 分鐘內，馬上判斷狀況，決定好交易的策略。

換句話說，做這種當沖非常匆忙，不僅要當機立斷，賺到了也要趕快跑。能連續做 1 年就很不容易了，更遑論持續做 10 年、20 年的時間。

所以我不建議大家做 1 分線，這對我們專業人士來說也太倉促了。再者，做 1 分線講究瞬間決斷力，沒有熟練的技巧，難以適時停損，風險太大了。

不過做 15 分線的話，一天能當沖的次數也不多，1 個小時也才 4 根 K 線，等於 1 個小時的交易機會是 4 次。抓得準的話，也是有利可圖。

從小額起步，穩定獲利後再增加資金

學好我教你的技巧，多數投資人看 15 分線操作，一天要賺到 3 萬～ 5 萬日元（約新台幣 7,500 ～ 12,500 元）不是問題。

每天賺 3 萬日元，20 天就是 60 萬日元（約新台幣 15 萬元），一年也有 720 萬日元（約新台幣 180 萬元）。

關鍵在於資金控管，就算有很穩定的獲利，也不要一口氣投入太多資金。投入的金額太大，心態容易崩盤，無法冷靜做出判斷。很容易在不該出手的時候出手；該停損的時候不停損；該跑的時候又不跑。

先從小金額做起，多累積一點成功經驗，再慢慢增加金額和交易的股數，讓自己習慣大筆的交易。

比方說，先用半年到一年的時間，做最小單位的交易（亦即100股）。勝率穩定成長後，再來增加投資金額。增加金額後也有穩定的勝率，那就繼續增加金額，也就是階段性增加投資的金額。

如果一整年每天都賺得到 1 萬日元（約新台幣 2,500 元），隔年開始再增加每次投資的金額。

每年慢慢增加投資金額，1 天要賺 10 萬日元（約新台幣 2.5 萬元）不是問題。20 天就是 200 萬日元（約新台幣 50 萬元），一年也有 2,400 萬元（約新台幣 600 萬元）。

我希望大家有足夠的思考時間，因此用 15 分線最為適當。然而，我也知道大多數人很喜歡交易，巴不得多做一點，所以接下來的練習我也有假設 5 分線的交易狀況。

使用 5 分線，1 小時就有 12 次交易機會，也算有不少的出手機會。

36 開盤後一小時別急著出手

善用 5 分線、5K 線、20K 線、60K 線

均線我們用 5K 線、20K 線、60K 線，請大家在看盤軟體上設定好數值。

圖 83 不是個股走勢，而是日經平均指數 2021 年 2 月 1 日的 5 分線圖。金色底數字代表下單時機（做空或做多），黑色底數字代表獲利了結。

9:00 開盤後，5 分線走出了 10 根震盪 K 線，意思是在這一段時間內，沒有人用高於震盪區間的價位買進，大家都買在高點下，這是買方市場。

然而，金色①的 K 線突破了震盪區間的高點，而且這根紅 K 線站在 5K 線之上，是下半身訊號。這根紅 K 線代表的意義是，終於有人願意用更高的價位進場了。

有人願意用高價進場，股價就會上漲，因此我們也跟著做多。

接下來，5 分線又出現 3 根持平的 K 線，代表指數雖然沒有下跌，但也沒有漲勢，顯然沒有人用更高的價位買進了。

換言之，指數漲不上去，很有可能下跌。所以我們要先行抽退（黑①）。這次出場算是停損，不過幾乎沒有虧損。

做波段時也是一樣，股價開始牛皮，就要盡早撤退。

圖 83　3 根 K 線持平，要考慮盡早撤退

日經平均指數的 5 分線線圖①

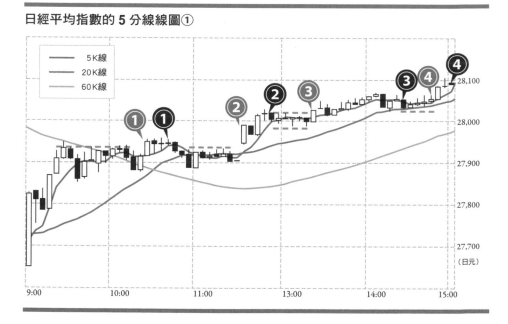

走勢持平時，考慮出清部位

抽退後指數真的跌了，好在跌勢並沒有攢破 20K 線。均線由上至下分別是 5K 線、20K 線、60K 線，前文提到 5 大基本技法，這屬於 PPP 的格局。K 線也在 60K 線之上，基本上是應該做多的格局。

因此指數下跌也不要做空。

之後指數跳空上漲。本來指數持平時，5K 線在 20K 線下，跳空後 5K 線幾乎要突破 20K 線。合理推測這根紅 K 線出現後，5K 線和 20K 線的位置將會對調，所以要買進。事實上，兩條均線的位置真的對調了。

況且買進的時候（金②），指數走到當天還沒有人交易的價位。這意味著買盤的力道強勁。

均線再次呈現 PPP，由下至上分別是 60K 線、20K 線、5K 線，象徵強力的上漲趨勢。看到黑 K 線和紅 K 線也先稍安勿躁，等指數持平（黑②）再出清部位就好。

接下來，指數又持平一段時間，暫時不需要動作。等指數再次突破區間，便出手買進（金③）。

均線依舊保持 PPP 的格局，看到黑 K 線再難受也先別賣，等走勢持平再出清（黑③）。

原則上，看到 3 根持平的 K 線再跑就好，也就是走勢持平 15 分鐘就該跑了。因為走勢持平，你很難預測未來的多空趨勢。

之後，價位又有突破，再一次買進（金④）。既然是做當沖，那也不必保留部位，收盤前出清吧（黑④）。

股價波動大，反而不利交易

請看圖 84 隔天 2 月 2 日的 5 分線線圖。

很多人認為，一早開盤股價波動較大，很適合做當沖。

圖 84　看到 M 頭線圖改做空

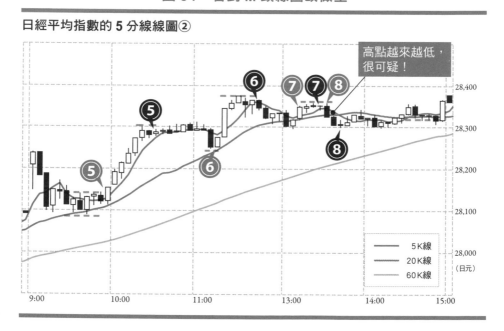

日經平均指數的 5 分線線圖②

但事實真是如此嗎？股價波動較大代表**趨勢**並不明朗，多空難以捉摸。

請回想馬拉松比賽，鳴槍起跑後，所有選手都擠在一起，你根本看不出誰會贏得冠軍。

一定都是跑一段時間，實力堅強的選手才會衝到前面。通常也是等到配速穩定後，你才看得出比賽結果。

同樣的道理，一開盤也不好預測**趨勢**，等走勢穩定後才比較好預測。看到股價波動就以為有賺頭的人，多半是靠運氣交易的，根本沒有認真預測股價。

因此我一開盤是絕不出手的，我也不建議大家一開盤就出手。應該看準**趨勢**，在看得準的情況下出手。

長期來看，這樣成功機率才會提高，技巧也才會進步。

股價高檔徘徊，留意 M 頭反轉訊號

2 月 2 日一開盤走勢波動極大，接著指數持平，我們在價位突破區間時買進（金⑤），並在 3 根持平 K 線出現後出清（黑⑤）。前文也說明過，看到走勢持平就該跑了。

指數持平一段時間後，出現下跌的黑 K 線，這時候你該考慮要不要做空。

先來看均線的排列方式，依舊是 60K 線在下、20K 線居中、5K 線在上的 PPP 格局。PPP 是打不死的小強，照理說接下來還會往上漲。因此先不放空，等漲勢再起後買進（金⑥）。

指數上漲後，又持平了 3 根 K 線左右，出清部位（黑⑥）。

出清後指數下跌，但要事後回過頭來看，才看得出下跌趨勢。實際在交易的時候，光看均線的走勢，很有可能先跌 2 根再拉 1 根。所以這段下跌先不出手，看到紅 K 線突破 5K 線，出現下半身訊號再買進（金⑦）。

不料，指數沒有突破前段高點，持平了大約 3 根 K 線，趕緊撤退（黑⑦）。

看到指數在高點徘徊，你該有點警覺心。

該警惕什麼呢？之前的走勢，高點和低點都被墊高了。然而，這波的高點卻降低了，這就是該警惕的地方。

高點降低是趨勢即將反轉的訊號，先試著做空看看。同樣地，看到指數持平再出清。

關於高點走低的格局，我再多做一點補充說明。

前文也提過，PPP 是打不死的小強，這種格局不要做空比較安全。可是這時候的 5K 線呈現 M 頭的格局。

請大家回想一下。PPP 只有一個情況適合做空，那就是高點持續走低，而且形成 M 頭的格局。因此可以做空（金⑧）。

之後的 3 根 K 線沒有明確跌勢，出清手中部位（黑⑧）。

靜待時機，不要為了出手而出手

依照前文的解說，用 5 分線來進行交易，第一天有 4 次出手機會，第二天也同樣有 4 次出手機會。假設勝率高達 8 成，也有相當可觀的獲利。

要留意的是，當沖不見得要一直殺進殺出。

以第二天的當沖為例，出清部位後指數沒有太大變動，屬於不好預測走勢的盤面，因此不該有任何動作。K 線畫出 8 根持平的走勢，1 根 K 線代表 5 分鐘的趨勢，5 乘以 8，等於整整 40 分鐘都不必出手。

這 40 分鐘只是一直看著螢幕的線圖，喜歡交易的投資人一定會覺得很無聊，恨不得快點出手交易吧？但千萬不要胡亂出手。不管是無聊還是坐不住，都不要出手，也不要自作聰明。

有時候我一整天都沒交易，因為我沒看到適合出手的機會。看到機會再出手，否則你會輸得很難看。

當然也不可能連續 3、4 天都找不到機會。基本上，每天還是要懷抱信心等待機會。做當沖也要有耐心，等待正中直球來再出手。

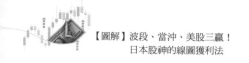

37
股價突破區間
是重要的進場訊號

均線走勢疲弱，出現紅 K 線，暫不出手

接下來，我們看日本武田製藥。圖 85 和 86 是武田製藥 2021 年 2 月 1 日和 2 月 2 日的 5 分線線圖。

剛開盤走勢不穩定，先不急著出手。股價一開盤就創下高點，下跌後又創下低點。接下來下跌沒有超出低點，股價呈現持平走勢，我們在黑 K 線攢破震盪區間時做空（金①）。

等股價跌不下去，出現有上影線但沒有實體 K 線的形狀，再出清手中部位（黑①）。

金色星號的紅 K 線不適合買進，請思考一下原因。

先看均線的位置，20K 線和 60K 線都在紅 K 線之上。所以走勢稍嫌疲弱，這根紅 K 線的漲勢能維持多久也說不準。

圖 85　均線走勢不穩時不要出手

武田製藥的 5 分線圖①

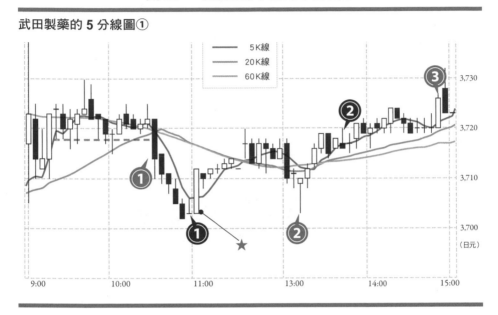

接下來就是一直觀望。股價走了一段時間，又出現持平走勢。股價雖然跌破區間，但留下一個長長的下影線，很接近之前的低點。下影線意味著賣盤的量大，但也有回補買盤。所以合理推測，再來股價會上漲。這時候就該做多了（金②）。

股價上漲後，看到 3、4 根持平的 K 線就該出清部位（黑②）。

出清部位後，均線由下至上分別是 60K 線、20K 線、5K 線，呈現 PPP 的格局。但股價走勢不明顯，不要冒險出手為宜。

之後紅 K 線突破區間，5K 線和 20K 線呈現分歧格局，適合買進（金③）。

圖 86　跌勢穩定後突破，可考慮買進

武田製藥的 5 分線線圖②

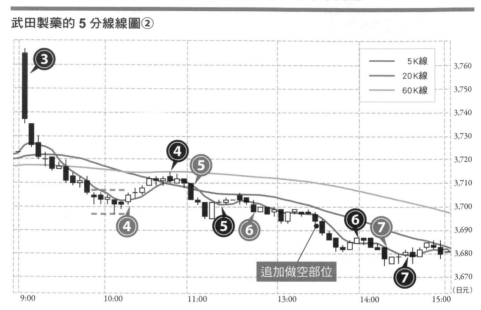

　　這時候下單已接近收盤時間，因為來不及出清，只好續抱到隔天。隔天一開盤就出清（黑③）（見圖 86）。

股價持平打底後，再買進

　　出清部位後，要試著放空也沒關係，但開盤後的那一個小時走勢紛亂，不要貿然出手比較好。

　　也許之後回過頭來看，會後悔自己沒有做空，但實際交易的時

候，你無法預期股價會跌到什麼地步。在難以預測的盤面不要出手，等確定走勢再來做交易。

跌勢穩定，出現持平的股價走勢了。之後紅 K 線突破區間，買進（金④）。

有些投資人可能不了解，昨天跌完一波後看到紅 K 線沒有買進，為何這一次要買進？

昨天的盤面是跌完突然急漲，這種情況下也有可能急跌。

不過，這一次先畫出了 6 根持平的 K 線，也就是整整 30 分鐘股價都在同一個區間，低點也相當安定。而後股價向上突破，合理推斷股價已經打底，因此適合買進。

等股價漲不動了，再出清部位就好（黑④）。

走勢下跌，黑 K 線跌破 5 日線時，追加做空

均線由上至下分別是 60K 線、20K 線、5K 線，呈現反 PPP 的格局。黑 K 線攬破均線，出現反下半身的訊號，下單做空（金⑤）。

這種交易思維，其實跟波段交易是一樣的。

隔天出現紅 K 線，先不急著出清部位。不過之後 K 線站上 5K 線，出清部位（黑⑤）。

　　下一次做空，是均線呈現反 PPP，而且黑 K 線攢破 5K 線的格局（金⑥）。接下來股價持平一段時間，又向下跌破，可以追加做空的部位。

　　出現 2 根紅 K 線後出清部位（黑⑥）。前面 2 根紅 K 線之所以不出清，主要的判斷依據是黑④位置的 5K 線超越 20K 線，但金⑥的 5K 線沒有超越 20K 線，反而向下跌，算是比較疲弱的反 PPP。追加做空部位後，K 線持平一段時間沒有出清，也是出於同樣的理由。

　　均線呈現反 PPP，K 線也持平，之後看到黑 K 線攢破區間（反下半身），再一次做空（金⑦）。同樣地，股價跌不下去了就出清部位（黑⑦）。

　　前一節模擬日經指數的交易也是如此，**當沖時看到 K 線突破或跌破區間，就是重要的出手和獲利了結訊號。**

38

長影線代表多空角逐，若勢力相當暫不出清

出現 M 頭後，黑 K 緊接紅 K 出現，下跌機率高

圖 87 和 88 是日本軟銀集團 2021 年 2 月 9 日和 2 月 10 日的 5 分線線圖。

開盤後一小時這段時間股價走勢不明朗，同樣不採取行動。

股價一開盤就創下高點，接著先跌後漲，但漲勢沒有達到前段的高點，形成了 M 頭的格局。

均線是 PPP 格局，5K 線在上、20K 線居中、60K 線在下。PPP 看到 5K 線畫出 M 頭，才可以放心做空。現在是適合做空的格局，雖然出現黑 K 線，但還沒有明顯的跌勢。

紅 K 線出來以後又看到黑 K 線，就代表未來下跌的可能性升高。因此我們在紅 K 線後面的黑 K 線出手（金①）。

圖 87　出現 M 頭後，黑 K 緊接紅 K 出現，下跌機率高

軟銀集團的 5 分線線圖①

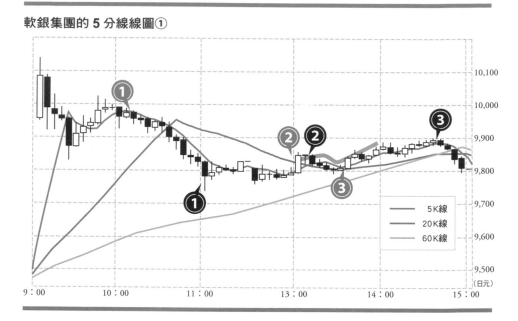

　　這次做空，最好是等 K 線站到 5K 線上方再出清，或等股價持平再出清。不過這中間出現的 K 線，有很長的下影線。

　　下影線代表股價在下跌趨勢中，仍有堅實的買盤推進。所以看到下影線就該出清部位了（黑①）。

　　這一波能賺 200 日元，100 股就是 1 萬日元，1,000 股就有 10萬日元。

黑 K 線雖摜破 5K 線，但留有影線，尚不須出清

出清做空的部位後，股價走勢並不明朗。60K 線在 20K 線之下，未來的股價走勢難以預測，先不出手。

之後，紅 K 線突破區間，出手買進（金②）。K 線走勢持平，出清（黑②）。

股價開始下跌，5K 線沒有摜破 20K 線，紅 K 線又向上突破 5K 線，這是 N 大的格局，適合買進（金③）。

均線呈現 PPP，看到黑 K 線也稍安勿躁。等股價漲到 9,900 日元大關，出現 3 根持平的 K 線再出清（黑③）。

有些投資人可能不明白，為何看到前面的黑 K 線不出清？

之前的黑 K 線沒有摜破 5K 線，後續的黑 K 線雖然摜破 5K 線，但有留下多空勢力相等的影線。因此合理推斷還不用出清部位。

這是比較理論性的解說，等你技巧熟練以後，本能就會知道何時不必出清。

出清後冒出黑 K 線，但已接近收盤，故不採取任何行動。

紅 K 線出現長上影線時，出清做多部位

隔天，開盤出現 5 根震盪 K 線，之後股價突破震盪區間，買進（金④）（見圖 88）。前文提過，剛開盤的頭 1 個小時走勢不穩定，不出手也無所謂。當沖的初學者，最好還是靜觀其變。

等到股價漲不動了，再出清部位（黑④）。

出清部位後觀察走勢，股價稍微下跌，但 5K 線沒摜破 60K 線，紅 K 線又向上突破，同樣買進（金⑤）。

圖 88　PPP 格局下股價持平，先靜觀其變

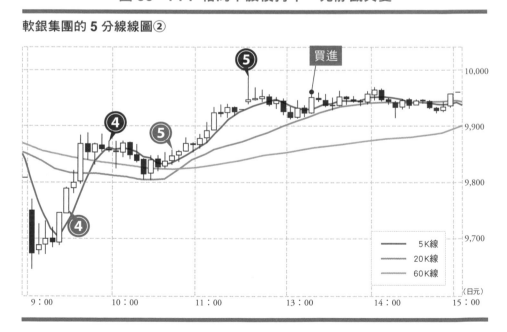

軟銀集團的 5 分線線圖②

接下來是 PPP 的格局，靜觀股價上漲就好。等股價漲到近 1 萬日元大關，留下一個上影線再出清就好（黑⑤）。

接下來股價小跌，但均線呈現 PPP，做空風險太大。由於股價幾近持平，沒必要出手。

下午 1 點後的午後盤，出現下半身訊號，買進試水溫。不料後續出現兩根黑 K 線，走勢疲弱。5K 線和 20K 線相當接近，這種情況下，股價震盪不穩，因此也不動作。

再重申一次，**如果盤勢難以預料，不出手也是一項重要技能。**

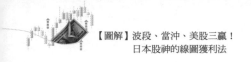

39
當沖交易追求快狠準

實戰交易的時間壓力更大

前文模擬了當沖交易，大家覺得如何？

一週挑幾天，用 5 分線或 15 線做一下當沖，也是蠻刺激有趣的事。

話雖如此，**當沖的進出場時機要抓得很準才行，做不到就注定賠錢，因此判斷速度要夠快。**

進行模擬交易時，可以看完整的線圖進行判斷，但實際交易時，股價持續在變動，線圖上不斷有新的 K 線冒出來。

看 5 分線的話，每隔 5 分鐘就有 1 根 K 線冒出來；看 15 分線的話，每隔 15 分鐘就有一根 K 線冒出來。

K 線上上下下變來變去，可能一過 5 分鐘或 15 分鐘，就是完全不一樣的走勢。

當你看到確切的**趨勢**，好比股價突破前一段高點，必須要當機立斷買進才行。換句話說，你要有在 5 分鐘或 15 分鐘內決策的判斷力。

因此連波段都做不好的人，要直接挑戰當沖是非常困難的事。

可先從 15 分線或 30 分線開始

技術交易的初學者或技術不夠熟練的投資人，最好不要馬上就做當沖。

玩撲克牌或打電動，你還可以邊玩邊學，也不會有太大的損失。當沖完全不一樣，想在實戰中學經驗，你會繳交非常大的學費。到頭來，該停損的時候不停損，該出手的時候也不敢出手。

先做模擬交易，不要實際丟錢下去做。

你要大量閱讀過去的線圖，頻繁進行沙盤推演，並且預測股價的走勢，擬定交易策略。等熟練了以後再來實戰。

一開始先做慢一點，用 15 分線或 30 分線，不要用 5 分線。等你抓得到進出場的時機後，再來挑戰 5 分線比較好。

第 7 章

賺進全球熱錢的
美股必勝交易法

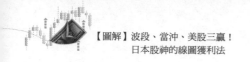

40

就算英文不好，也能當美國股民

小資金也能買到全世界

美股是指在紐約證券交易所或那斯達克交易的股票，其中最具代表的股價指數道瓊工業平均指數（Dow Jones Industrial Average, DJIA），是 30 大優良企業的平均股價，包括可口可樂（The Coca-Cola Company）、麥當勞（McDonald's）、蘋果公司（Apple）等知名企業。道瓊指數創始於 1896 年，擁有非常悠久的歷史。

2020 年 11 月 24 日，道瓊指數首次突破 3 萬點高峰，引起極大的話題。

美股最小的交易單位是 1 股，例如可口可樂 1 股大約 50 美元（2021 年 2 月的價格），等於你用少量的錢就能買到全球性的股票。因此近年來很多人對美股也趨之若鶩。

儘管交易美股有一些匯兌費用，但在證券公司就能交易。

美股匯聚全球資金，容易帶動漲勢

美股的吸引力可不只是小額投資的方便性。日股也有一些 10 萬日元以下的小額投資股票。多數人都認為，投資自己熟悉的股票和事業比較容易。

因此有些投資人可能會懷疑，為什麼要特地投資美股？

不過如果你了解美股的特色，一定會對美股感興趣，因為投資美股有機會賺大錢。

之後我會詳細解說美股的特色，這裡先簡單歸納 2 點：

- **大型股也有大漲的可能**

- **股價跌深的反彈也十分強勁**

這就是美股的兩大特色，也是美股的吸引力。善用這兩大特色進行交易，你有很大的機會賺大錢。

當然，我知道大家一定會擔心投資美股的難度會很高，甚至對自己的外語能力沒信心。

請放心！我教大家的相場流交易技巧，用來交易美股同樣無往不利。只是必須配合美股的特色來使用這套技巧。

接下來我會教大家，如何靈活應對美股的特色，在股海中順利征戰。

41
更適合美股交易的獨門技法

亞馬遜走勢同樣能驗證 PPP 準則

一開始我們先來看美國亞馬遜公司（Amazon）（以下簡稱亞馬遜）的線圖，證明我的技巧用來投資美股同樣無往不利。

圖 89 是亞馬遜 2018 年 6 ～ 12 月的日線圖，股價創下 2,000 美元高點以前，均線幾乎都是 PPP 的格局，由下至上分別為 100 日線、60 日線、20 日線，5 日線就在 20 日線的上方震盪。

既然是 PPP，股價小跌後又再次上漲。

請看股價創下 2,000 美元高點後的走勢。

5 日線來到 20 日線下方，其後恢復漲勢，達到 2,000 美元的價位。可惜沒有突破前段高點，股價便反轉向下。5 日線依序摜破 20 日線、60 日線、100 日線，20 日線也摜破 60 日線和 100 日線。

圖 89　從 PPP 到反 PPP

之後 60 日線攢破 100 日線，均線呈現反 PPP，由上至下分別是 100 日線、60 日線、20 日線、5 日線，K 線甚至出現在均線下方。

圖 90 是 PPP 轉變為反 PPP 的股價走勢。

股價創下高點後反轉向下，仔細觀察可以看出下面的端倪。

起初股價跨不過 2,000 美元大關反轉向下，60 日線還在 100 日線之上。不過 5 日線向下，來到 100 日線下方。K 線出現在 5 日線上方，稍微有一點反彈，但觸及 100 日線又大幅下跌。

圖 90　股價創下高點後反轉向下

亞馬遜的日線圖②

接下來又有一波漲勢，但反 PPP 的格局逐漸成形，漲沒多久又跌了。

100 日線呈現持平走勢，和 60 日線交叉，100 日線反而在最上方。這種排列方式代表下跌的趨勢，因此短暫反彈後注定要跌。

線圖獲利法也能準確預測美股

股價在 PPP 的時候形成 M 頭的格局，接著股價下跌，均線的

排列方式顛倒,逐漸形成反 PPP。前文解說日股的時候,是不是也類似的走勢和變化?

就算我說這是第 02 節日本鹿島建設的線圖,你大概也不疑有他吧?

美股和日股一樣,都有 PPP 和反 PPP 的格局,日線的股價變動和日本股的變動也差異不大。

不光是亞馬遜如此,其他美股也是一樣。

所以,使用尋常的相場流交易技巧就很夠用了。但美股有其特徵,必須配合美股的特徵來交易,接下來會再詳細解說。

42 投資股神巴菲特，也能用同一招

買進波克夏，長抱持股也能獲利

大家都聽過股神華倫·巴菲特（Warren Buffett）的大名吧？他是一位非常成功的美國投資專家，旗下的波克夏·海瑟威（Berkshire Hathaway）更是全球最大的投資公司，而他正是該公司最大的股東，身兼董事長和執行長的職位。

該公司積極投資全球優良企業，2021 年 2 月公布旗下持股，包括蘋果、美國銀行（Bank of America）、可口可樂、美國運通（American Express）等，全都是名聞遐邇的大企業。

我們一起來看波克夏·海威瑟的日線圖。圖 91 是 2020 年 8 月到 2021 年 2 月的走勢。

100 日線和 60 日線都呈現上漲趨勢。20 日線在這兩條均線上震盪，5 日線和 K 線也同樣如此。

圖 91　依照 PPP 準則操作

波克夏‧海瑟威的日線圖

即便 5 日線和股價下跌，基本上 100 日線和 60 日線還是呈現上漲趨勢。

因此你在 2020 年 8 月買進，放到 2021 年 2 月，不必管中間的股價波動，照樣可以賺到錢。波克夏的股價變動，跟日股也沒什麼不同。

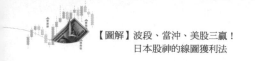
逢低買進，做空避險部位不用太多

看到波克夏的線圖，就算我跟你說那是日本日冷食品（2871）或日本三菱商事（8058）的線圖，你看到都是一直上漲的股價走勢，大概也不疑有他對吧？

你可以用下列的方式交易波克夏・海瑟威：

2020 年 8 月呈現 PPP 走勢，這時你要做多。股價有一陣子回跌，你趁反彈形成分歧格局時買進，放到股價持平再出清就好。

股價持平一段時間後下跌，接著又持平，不必做任何動作。

持平後稍微上漲，但沒有觸及前段高點，又往下跌。這一段的走勢同樣不穩定，最好不要貿然出手。

2020 年 11 月，5 日線觸及 100 日線，反彈上漲。你在 PPP 成形的時候買進，同樣在股價持平時出清。

2020 年 12 月，在快要形成 PPP 的時候買進。接著 PPP 成形，繼續做多。唯有一點要注意的是，K 線攤破 20 日線的時候要避險做空。好在美股的 PPP 有較高的機會反彈，避險部位不必太多，一有機會就要趕快出清。

43

大型股也有機會變飆股

　　前兩節解說了兩支美股的走勢，日線圖基本上和日股走勢差不多。相信大家也明白，用我這套方法交易美股絕對沒問題。

　　接下來，我要說明美股的兩大特徵。大家喜歡投資股票又極富挑戰精神，了解美股的特徵後肯定躍躍欲試。

飆股不限中小型股，大企業也能漲數十倍

　　圖 92 的月線圖，是亞馬遜在 2009 年到 2021 年 2 月的走勢。大家一眼看去有什麼感想？

　　股價漲不停對吧？ 2009 年買下來就大賺了。

　　亞馬遜從 2009 年開始大漲，雖然中間也有下跌，但到 2021 年基本上都是維持漲勢。

而且 2010 年的股價才 100 美元左右，2021 年 2 月已經達到 3,000 美元。整整漲了 30 倍之多。

日本的大企業在這 11 年來，沒有一家的股價成長 30 倍，即便是在東證上市的大企業也一樣。

日本有機會漲 30 倍的股票，多半是名不見經傳的企業，也就是中小型的股票，而不是豐田汽車、松下電器等知名大企業。

因為中小型股票的發行股數較少，只要炒出一點話題，再配合一部分作手或集團的買盤，股價就會應聲上漲好幾倍。

儘管中小型股有機會成為飆股，但急漲的股票也有急跌的風險，股價變動並不穩定。

因此如果想穩定獲利、穩定建立資產，中小型的飆股並不適合。

東證上市的大型股發行股數較多，除非有連續的大量買盤買進，否則不可能漲到二三十倍的價位。通常大型股的價位都在一定的區間內變動，偶爾突破或跌破區間，然後又在一定的價位徘徊。

大型股不像中小型股有成為飆股的機會，但急跌或倒閉的風險較低，可以安心交易是大型股的一大優點。

這就是日本大型股的特徵，日本的飆股多半是中小型股，而不是大型股。

另一方面，像亞馬遜那樣的大型股，也有成為飆股的機會。

圖 92　美股即使是大型企業，也可能有驚人漲幅

亞馬遜的月線圖

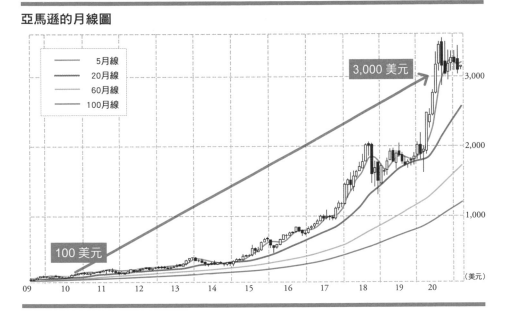

　　因為美國市場是全球資金的集散地。多數美國企業有高額的配股和配息，這等於是在告訴全球投資人，只要當上股東就能穩定增加資產。

　　所以全球許多投資人挹注了大量的資金，就連發行股數較多的大型股也能持續上漲。

　　日本的飆股大多是你不敢碰的中小型股，但美國的大型股也有成為飆股的可能性，就某種程度來說，你能夠放心交易那些飆股。

均線一直維持漲勢，基本上以做多為主

大型股也容易成為飆股，這是美國市場的一大特徵。你應該配合這種特徵，擬定交易策略。

交易方式我之後會詳細說明，這裡先簡單介紹一下。

股價要漲成 30 倍的飆股，必須長期持續上漲。這意味著月線圖也要有長期的 PPP 格局才行。

圖 92 亞馬遜的月線圖，一直是 PPP 的格局吧？

PPP 是打不死的小強，跌了也會漲回來。實際上，亞馬遜 2010 年的漲勢維持了半年之久，2014 年的漲勢更是長達 4 年；2020 年以來也一直維持漲勢。

因此交易這種線型走勢的股票時，不要整天想著做空，基本上你要看多做多。遇到跌勢小賣一點，漲回去就要趕快逃命，繼續反手做多。

44

經歷股災，美股復活力強勁

美股的漲勢豪邁，並非小波段

圖 93 是道瓊工業平均指數（以下簡稱道瓊指數）的月線圖。我藉此來講解美股的另一個特徵。

1990 年還不到 5,000 點，2021 年卻達到 3 萬點，整整漲了 6 倍之多。

反觀日經指數 1990 年大約是 3 萬 9,000 點，經過下跌和反覆震盪後，終於打出 W 底反彈上漲。2021 年 2 月大約到 3 萬點（見圖 94）。

日本事隔 30 年漲到 3 萬點，但沒有達到過去的高點。這 30 年來也是高低起伏不斷，相形之下，道瓊指數的漲勢相當豪邁。

題外話，美國生產的汽車也是講究豪邁的設計風格，而日本就連做一支摺疊傘，都有各種細部的講究。

圖 93　美國道瓊指數 30 年來漲逾 6 倍

道瓊指數的月線圖

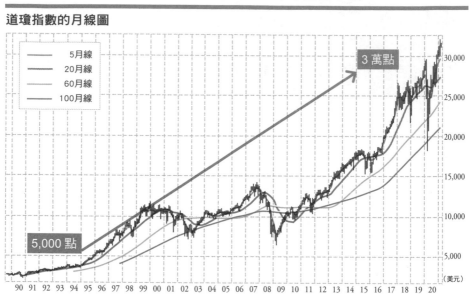

日本股的走勢也承襲了這樣的習性。

美股漲起來非常豪邁，跌了又會漲起來──具有強韌的「復活能力」。

觀察道瓊指數的低點，史上最低點是 1896 年的 28 點。1987 年 10 月 19 日的全球性股災，號稱黑色星期一，道瓊從前一週跌了大約 500 點，來到 1,738 點的低點。

2008 年發生雷曼風暴，同年 9 月以後股價下跌，跌到 2009 年 3 月，低點是 6,547 點。2020 年 3 月 16 日，新冠肺炎疫情延燒，

圖 94　日經指數 30 年來維持震盪走勢

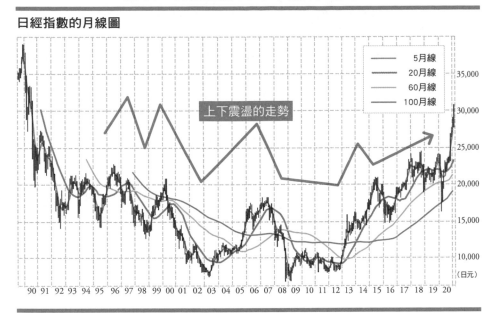

道瓊跌到 2 萬 188 點，大跌 2,997 點。

　　道瓊指數經歷多次重挫，但你看月線圖的走勢，不管遇到雷曼風暴還是疫情延燒，趨勢還是一路向上，最終突破 3 萬點大關。

全球資金支撐美股上漲，即使下跌也能漲回

　　跌勢阻止不了強勁的漲勢，這種復活力就是美股的另一大特徵。請思考一下美股復活力強大的理由。

　　美國是全球首屈一指的經濟大國，可口可樂或蘋果等知名大企業，經營版圖也橫跨世界各地，這些都是足以代表美國的大企業。

　　而這些企業也非常重視股東權益，維持股價上漲是他們的經營理念。所以全球投資人都對美股很感興趣，就算股價跌了也有資金流入，持續把下跌的股價支撐起來。這就是股價持續上漲的原因。

　　前文也提過，美國就連大型股都有機會成為飆股，這一點跟股價復活力強也有關係。

　　股價跌了也有全球的資金挹注，源源撐起上漲的力道。而且股價一飛衝天，漲幅高達數十倍。由知名企業構成的道瓊指數，價位也是不斷上漲。

　　比較一下亞馬遜和道瓊的月線圖，不難發現兩者長期以來都是PPP 的走勢。

　　道瓊指數中的大型股也有成為飆股的可能，股價的復活力道又強。這些就是美股的兩大特徵，長年不斷的 PPP 就是靠這兩大特徵實現的。

　　你該善用這兩大特徵進行交易，也就是把 PPP 當成基本的策略方針。

45

美股更適合做多獲利

美股盡量以做多賺錢，不要做空

相場流主要是用線圖掌握股價變動的特徵，擬定合宜的交易策略。交易美股也是一樣的道理。

不光是美股如此，舉凡黃金、原油、大豆等商品期貨，乃至外匯的走勢都有其特徵。也就是當某個趨勢確立以後，就會持續好一段時間。

以美股來說，PPP 持續很長一段時間，PPP 的格局支撐著上漲的趨勢，這就是美股的特徵。

簡單說，美股的特徵就是 PPP 的力道非常強烈。

日股的 PPP 不像美股那麼持久，但也具有打不死的韌性。

美股的 PPP 比日股更強，就跟鋼筋水泥打造的一樣，始終屹立不搖。而且，復活的能力比小強還神奇。

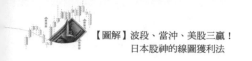

那我們該如何擬定策略，善用這樣的特徵呢？

答案就是，做美股基本上要靠做多賺錢。

你在找投資標的時，看月線圖就夠了。月線呈現 PPP 格局的話，通常漲勢會持續半年到 1 年之久。

從大量的股票線圖中，尋找月線是 PPP 的股票，並以做多的方式進行操作。看到股價下跌的股票，一旦走勢恢復 PPP，也要買進做多。

做美股盡量不要做空，就算真要做空，也要在短期內盡快撤退。

挑走勢強勁標的，長抱也有機會獲利翻倍

日股都是呈現波段走勢，因此比較適合用波段交易。然而前文也提過，美股有長期上漲的趨勢，因此買進後中長期持有，遠比做波段更加有利。

實際交易美股的時候，也不太需要出清手中的持股。看到 PPP 再買進，5 日線、5 週線、5 月線多半不會跌太兇。

習慣美股的交易後，你就會判斷 PPP 的格局夠不夠強。格局夠強就盡量做多，股價突破關卡就增加部位，股價回跌就逢低買進。

美股要挑上漲走勢強勁的標的，在月線或週線形成 PPP 時買

進，買了就好好抱牢。通常等個 1 年時間，就連大型股都有機會漲到 2、3 倍。

漲了 3 倍以後，不妨把賺到的資金投入下一檔股票；再賺 3 倍以後，你的資金就是原來的 9 倍，假設一開始投資 200 萬日元（約新台幣 50 萬元），翻 9 倍就是 1,800 萬日元（約新台幣 450 萬元）。

投資美股可以大幅增加資產，這就是交易美股的一大魅力。

46

具備短空長多的走勢特性

出現跌勢，也有很大機率再上漲

　　圖 95 是臉書（Meta）2012 年到 2021 年的月線圖。看線圖預測走勢時，請先謹記一點：**就算出現跌勢，未來還是有極高的機率上漲。**

　　做空記得小做一點試水溫就好，賺了就趕快跑。股價起漲後，要盡量做多。這才是你該擬定的策略。

　　2013 年股價上漲後持平了一段時間，2015 年到 2017 年也幾乎是漲的。2018 年到 2019 年下跌，股價震盪一段時間，到了 2020 年又漲起來了。

　　那 2021 年的走勢又會是如何？

　　也許會漲到前段高點，然後走跌。日股大多是這種走勢，漲到高點後下跌，之後又漲一波，但不會到前段高點，劃出 M 頭的格局後反轉向下。事實上，很多日股都是重複這樣的走勢。

圖 95　擬定策略時要考慮短空長多

臉書的月線圖

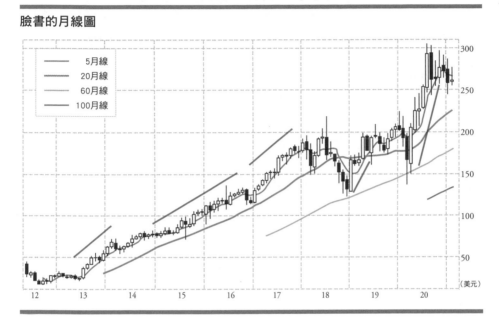

不過美股的 PPP 和鋼筋水泥一樣穩固。況且，臉書只要有一點新題材，股價還是大有可為。

如果未來要投資臉書這種股票，你在擬定策略時要考慮短空長多的可能性。

因此我們可以擬定下列的作戰方式。

股價在 PPP 的格局下跌，一旦漲勢有回溫的徵兆就買進。之後看到股價回跌或續漲的格局，就做多更多部位，抱牢手上的持股。

股價在 PPP 格局下跌，發現起漲徵兆就買進

接下來看圖 96，3M 公司 2013 年到 2021 年的月線圖。

股價在 2013 年和 2014 年是上漲的，回跌了一陣子後，又漲上去了。

2016 年後半漲勢歇息，但年底漲勢再起，一直持續到 2017 年。

從這裡不難看出，美股漲勢持久，跌完會再漲的特性。

圖 96　採用波段交易策略

3M 的月線圖 ①

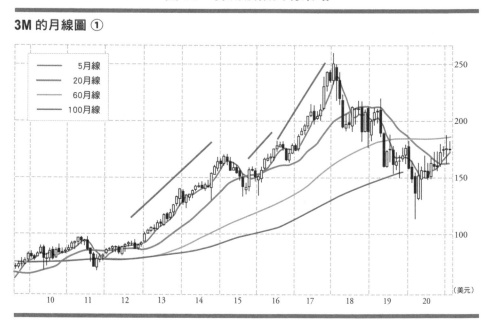

這檔股票你在模擬交易策略時，基本上也要採取做多的策略。2013 年到 2017 年都是 PPP 的格局，2015 年暫時下跌，但在 PPP 的格局下跌，也有漲回來的徵兆。你該考量短空長多的可能性，一看到股價回升的徵兆就買進。

2017 年到 2018 年股價反轉向下，這種反轉走勢其實美、日兩國都差不多。都是先出現 一個高點，5 月線摜破 20 月線。

所以遇到類似的狀況，就該採用波段交易策略。

上漲趨勢不變，下跌後漲回機率高

接下來，我們看 3M 公司的週線圖（見圖 97）。

看週線圖基本上也要找 PPP 的格局，找到後進場做多，採取中長期持有的策略。

既然是 PPP 的格局，那麼均線由下至上分別是 100 週線、60 週線、20 週線、5 週線。

美股比較容易漲上去，只要 100 週線在最下方，60 週線和 20 週線居中，就算 5 週線暫時跌破 20 週線，股價也有很高的機率漲回去。

股價止跌後持平一段時間，等股價突破區間便買進。

圖 97　等待 PPP 再進場

3M 的週線圖②

- 5週線
- 20週線
- 60週線
- 100週線

在安全的格局下做空

5 週線攲破 20 週線，仍有機會漲回

放到股價漲不動了，就出清部位。

PPP 格局不變的情況下，股價暫時回跌也有機會漲回去。因此我們等待股價回升，不要看到下跌就做空。

至於股價劃下高點反轉向下後，就要用日股的交易方式。股價震盪不穩定的盤勢什麼都不要做，等到反 PPP 出現再做空，風險才不會太大。

本章的最後，歸納美股的特徵和交易策略如下：

美股的大型股也有機會成為飆股

美股吸引全球資金挹注，企業會善用資金提升股東權益，因此股價容易飆漲。

漲勢通常都能持續很長一段時間。

交易的基本策略是抓 PPP 格局，用做多的方式賺錢。

尋找 PPP 的投資標的

看週線或月線選股，不要看日線，看到 PPP 就買進。正處於跌勢的股票，只要有維持 PPP 的格局，可以等股價回升時買進。

盡量在風險較低的情況下做空

美股基本上都是上漲趨勢，做空不要放太久，重點是賺到波段就趕快跑。

以上就是美股的交易策略。

交易日股做波段，美股則要找 PPP 的標的，採用中長期持有的策略。這樣不管你做日股或美股，都有機會賺到大錢。

結語

8 階段學習計畫，十年賺一億

前文我搭配技術線圖，介紹了相場流的最新技巧，包括部位操作、當沖手法、美股交易準則等。

最後，我要告訴大家賺到 1 億日元的方法。就算你只是普通的學生、上班族、家庭主婦，只要學好本書介紹的技巧，就有機會賺到 1 億日元。

市面上，很多書的封面都有「教你賺 1 億」的字樣和標題。可是那些書幾乎沒有教你具體的做法。

我認為那些書不夠實際，所以在本書的最後，我要教大家賺 1 億日元的具體步驟。

賺 1 億日元絕非空談，大家詳讀後文的計畫表，就會明白我所言非虛了。

首先，我會介紹階段性的計畫。這個計畫總共分 8 個階段，10 年可賺取 1 億 1,100 萬日元（約新台幣 2,775 萬元），而且是很實際的計畫，不是靠運氣拚來的。

重點在「階段」是否達成，而非時間長短

接下來開始解說計畫。**關鍵不在於日程，而是「階段」。**

如同考駕照的時候，也有分好幾個階段。

第一階段是學好基本技能和學科，至於學到好要花多久時間，這就因人而異了。同樣的道理，賺到 1 億日元的 8 大階段，也未必要趕在 10 年內完成。你要花上 12 年也沒關係。

計畫一開始，我在第 1 年寫每月賺 50 萬日元（約新台幣 12.5 萬元），其實你也可以花 2 年時間，再達到這種獲利水準。

我寫的日程只是一個參考基準，按部就班執行的話，想要賺到 1 億日元絕非難事。**因此多花一點時間也沒關係，重點是不要放棄。**

剛開始起步，是 8 個階段中最重要的一個部分。

這個階段你必須把基本功練到滾瓜爛熟，做不到這一點，後續的都不用談了。

所謂的基本功，就是我介紹的進出場時機，你要會抓進出場時機。也就是分析每天的股價變動，抓出正中直球出手交易，這樣才賺得到錢。

買賣有沒有確切的依據？失敗後有沒有反省？成功了也要詳加檢討，自己是不是單純運氣好？要反覆做到這幾點，慢慢深化自己的基本功。

　　職業棋士在對弈結束後，也會檢討戰局。勝利的一方和敗戰的一方會回顧過程，說明輸棋和贏棋的原因，活用在下一次的對弈上。大家平日交易也該勤做紀錄，交易完再回顧整個過程。

練好基本功，目標每月賺 50 萬日元

　　首先，你的目標是第一年每個月平均賺到 50 萬日元。

　　要達成這個目標並不容易，買到飆股放上好幾個月，賺 50 萬日元倒還時有所聞，每個月平均賺 50 萬日元，還要持續一整年，這就很困難了。

　　不過為自己訂下這個目標，每個月就會敦促自己努力下去。這個月沒辦到，那就下個月再努力，等你每個月穩定獲利 50 萬日元，賺到 1 億日元便指日可待了。你會很清楚知道達成目標的方法，1 億日元不再是遙不可及的夢想。

　　每個月穩定獲利 50 萬日元，代表你已經有某種程度的實力了。然而，可能你的獲利還不太穩定，也許有時候 1 個月賺 60 萬日元，有時候 1 個月才賺 40 萬日元，甚至還賠錢。但 1 年總和有 600 萬日元，只要平均起來 1 個月是 50 萬日元就好。

　　1 年 600 萬日元的目標，你要持續達成 3 年。把第 1 年的經驗和教訓，活用在第 2 年的實戰上。克服失敗的經歷，努力研究交易的門道，你的技巧會越來越多元而熟練，實力也會更加穩定。過去

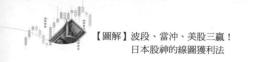

不懂的地方，也將豁然開朗。

如此賺下來，4 年就有 2,400 萬日元（約新台幣 600 萬元）。學好我教你的技術，絕對有辦法賺到這麼多錢。屆時你會有深厚的交易功夫，光看線圖就知道出手的恰當時機。

第 5 年開始增加交易的額度

第 5 年要把目標設定為 1.75 倍，每月要賺 75 萬日元（約新台幣 18 萬 7,500 元），1 年要賺 900 萬日元（約新台幣 225 萬元）。

這時候你進出場時機應該抓很準了，交易的部位也可以增加一些。假設你過去交易 100 股，第 5 年開始交易 200 股或 150 股。你要交易 500 股、1,000 股也沒關係，總之每次交易的部位多加一點，這樣就能賺到 75 萬日元了。

每月賺 75 萬日元的目標，同樣要連續達成 3 年。做到這一點，你會有很強大的信心。

但不要過度自我膨脹，做出太大的槓桿投資。每次投資都該精打細算，而不是只想靠大量的部位大賺一把。這個目標持續 3 年後，第 7 年結束你該有 5,100 萬日元（約新台幣 1,275 萬元）了。

每月賺得到 75 萬日元，要賺到 100 萬日元也絕非難事。每次投資的時候，再增加一點部位就行了。

不管是習武或運動，初學都是最困難的。等有了基礎後，進步速度就會比較快，幾乎不會像第 1 年一樣犯下基本失誤了。

第 8 年每月賺 100 萬日元，1 年就賺 1,200 萬日元（約新台幣 300 萬元）。第 8 年結束後，算起來你該有 6,300 萬日元（約新台幣 1,575 萬元）的資產。

第 9 年目標再增加 1.5 倍，每月要賺 150 萬日元，這就需要一點毅力了。

就算你達成之前的目標，要把 100 萬日元的獲利化為 150 萬日元，難度會增加很多。

你要小心翼翼謹慎投資，掌握投資的關鍵，克服自己的弱點，不斷精進交易的技術，否則無法達成目標。第 9 年遠比第 8 年辛苦，我也是一樣。

要努力克服難關，克服以後，你就有 8,100 萬日元（約新台幣 2,025 萬元）的資產。

投資免不了要交學費，但千萬不要放棄

有一點要特別留意。當你每月賺到 100 萬日元或 150 萬日元，每次看錯停損的金額也會變很大，但請不要太過驚慌，更不要抱持悲觀的情緒。

前 3 年停損了不起賠個 1 萬 5,000 日元左右，等到停損金額擴大到 2、3 萬元，你就會開始膽戰心驚了。不過每個月賺到 75 萬日元的獲利，你就不會在意那 2、3 萬元了。

等你每個月賺到 100 萬日元，你每次進場的金額也會變大，有時候停損也會賠到 40 萬日元的程度。一開始你可能受不了，覺得自己再也撐不下去。

但 10 次投資失敗個 2、3 次又如何？至少剩下 7、8 次是成功的。成功的獲利絕對可以彌補 40 萬日元的虧損。

我現在為了賺取 3,000 萬日元的獲利，賠個 150 萬日元我也在所不惜。其實我以前賠個 30 萬日元就快受不了了。

因此萬一賠錢的金額變大，請當作是這一行的學費或規費就好，要懷抱積極正向的心態繼續交易。總有一天，你會習慣大金額的停損。

如果你遲遲無法達成每月 150 萬日元的獲利水準，一個人交易又感到很孤獨，心理素質承受不了停損的打擊，那我建議你參加我的股票道場。聽聽我們的建議和課程內容，看看其他夥伴努力的樣子，有助於你跨越難關。

開頭和達成前很辛苦，堅持下去一定可以成功

到了第 10 年，每月 150 萬日元的獲利水準，要提升到 250 萬日元（約新台幣 62.5 萬元）。當你第 9 年達到每月 150 萬日元的獲利水準，要賺到 250 萬日元就不困難了。畢竟你已經學會部位操作的技巧了，每次停損賠個 40 萬日元，也不會影響你冷靜的判斷力了。

每月賺 250 萬日元，一年就賺到 3,000 萬日元，要達到這個目標你不必整天盯盤。但你要仔細思考自己的部位操作是否得當，還有出清的時機是否合宜。

換言之，要勤於預測股價的變動，模擬不同盤勢的應對方案，用更加謹慎的態度，反省自己的交易手法。做到這一點，第 10 年你就有 1 億 1,100 萬日元的資產了。

這個計畫不是紙上談兵，而是我基於個人經驗制定的計畫。

剛開始的第一年會很辛苦，第 2 年或第 3 年就沒那麼困難了，我相信大家一定辦得到。第 5 年甚至挺輕鬆的，第 6 年和第 7 年也沒啥大問題。可是第 9 年真的不容易，你要殫精竭慮、刻苦精進，才有本事度過難關。

像我一直有在練武，剛開始我根本不認為自己能練到五、六段。但我遇到瓶頸還是一直努力練下去，終於練到了高段的境界。

賺取 1 億日元也是一樣的道理，不要放棄持續努力，你一定會

10 年賺到 1 億元的具體步驟

（單位：日元）

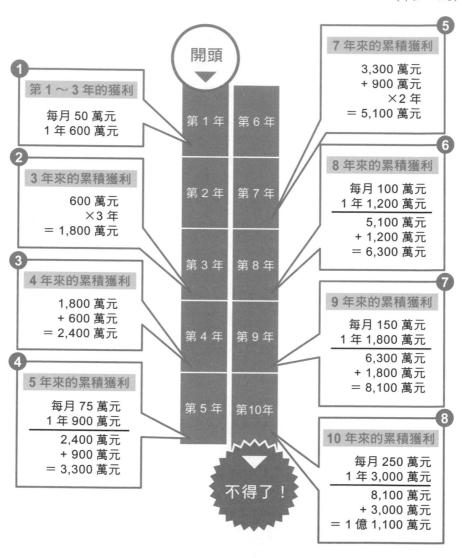

開頭

① 第 1～3 年的獲利
每月 50 萬元
1 年 600 萬元

② 3 年來的累積獲利
600 萬元
×3 年
= 1,800 萬元

③ 4 年來的累積獲利
1,800 萬元
+ 600 萬元
= 2,400 萬元

④ 5 年來的累積獲利
每月 75 萬元
1 年 900 萬元
2,400 萬元
+ 900 萬元
= 3,300 萬元

⑤ 7 年來的累積獲利
3,300 萬元
+ 900 萬元
×2 年
= 5,100 萬元

⑥ 8 年來的累積獲利
每月 100 萬元
1 年 1,200 萬元
5,100 萬元
+ 1,200 萬元
= 6,300 萬元

⑦ 9 年來的累積獲利
每月 150 萬元
1 年 1,800 萬元
6,300 萬元
+ 1,800 萬元
= 8,100 萬元

⑧ 10 年來的累積獲利
每月 250 萬元
1 年 3,000 萬元
8,100 萬元
+ 3,000 萬元
= 1 億 1,100 萬元

第 1 年　第 6 年
第 2 年　第 7 年
第 3 年　第 8 年
第 4 年　第 9 年
第 5 年　第 10 年

不得了！

慢慢接近目標。

分階段累積實力，賺 3 億也沒問題

再重申一次，要賺到 1 億日元最重要的是你的基本功。你應該**持續鍛鍊基本功，直到培養出穩定的獲利能力。**

一開始培養出獲利能力後，不要急著增加操作部位，關鍵是謹慎行事。若小賺一點就放大操作槓桿，一旦賠了就會承受 2、3 倍的損失，資金見底就無力東山再起了。

剛起頭每次穩定賺個 5,000 日元就好，然後慢慢增加到 1 萬日元。久而久之，賺取 5,000 日元或 1 萬日元對你來說就沒什麼大不了了。

再來你可以輕易賺到 5 萬日元、10 萬日元的獲利，進而達到 50 萬日元的水準。重點在於堅持鍛鍊基本功，練到能運用自如的境界。

賺到 1 億日元的過程中，最重要的是培養出每月 50 萬日元的獲利水準。每月有 50 萬日元的獲利，1 年就是 600 萬日元。

每個月賺 50 萬日元，10 年就賺 6,000 萬日元，20 年就賺 1 億 2,000 萬日元（約新台幣 3,000 萬元）。

有些人可能認為，那何必按照計畫，每個月辛苦賺 100 萬日元？

的確，這麼說也有道理。只不過，達成上面說的計畫，你的未來會更不得了。

實踐計畫賺到 1 億日元的人，已經有實力達成自己設定的獲利水準。有如此高超的功力，每年要賺 3 億日元也絕非難事。這確實很了不起吧？

就算你不需要賺那麼多錢，只要全世界還有金融市場，憑你的實力每個月絕對能賺到 250 萬日元，只是時間早晚的問題。這真的很了不起。

因此第一步要先養成每月賺 50 萬日元的實力。辦不到這一點，剩下都是空談。

接下來這段話有自賣自誇之嫌，但要達到每月賺 50 萬日元的獲利水準，最好的方法就是跟交易高手學習。

我一開始練武的時候，也是跑去總部道館請宗師一對一教學。學任何東西，起步都是最重要的。

自學其實非常辛苦，所以我還是建議大家找高手指點。這就好像職業運動員也會找一流的訓練員陪練一樣，大家初學最好加入股票道場，基本功才學得扎實，而且有人指點比你自學更省時。

理解和實作是兩回事，每項技術要融會貫通

如果你想靠自學的方式精通交易技巧，千萬不要看過一遍就以為會了。

有投資人曾經跟我抱怨，說他看了我的書，也學會部位操作的技巧，結果實際交易卻慘賠，還罵我寫的內容根本沒用。

這種人慘賠是很正常的。你今天看了一本英文會話的書，也不可能跟外國人順利溝通吧？

可能你看了很多次，把書的內容背到滾瓜爛熟，結果實際遇到外國人，講出來的英文還是很破。這樣的例子其實屢見不鮮，就算英文書被你翻到爛，你還是得從失敗中學習。

交易也是一樣的道理。

看過一遍就自以為懂，實際下去交易不可能成功。

我寫的都是真正有用的技術，也是從我個人的實戰經驗開發出來的，我的部屬和學員也都是用這套方法成功了。每一項技術都有憑有據，也沒有任何多餘的廢招。這些技巧都經得起實戰考驗，所以你應該反覆閱讀，努力鑽研才對。

那該如何精通本書介紹的技巧呢？**我建議大家一次專心學一項就好，等學通了再進行下一個階段。**俗話說貪多嚼不爛，學習貴在專一深入。

例如，一開始專心學均線的 5 日線和 K 線的關係。光是 5 日線和 K 線的關係，你就要看很多線圖來學習，學習判斷分歧走勢、下半身訊號等等。你要把書中介紹的基本功練到極致，最好先花幾個月苦練再來交易。

　　學點皮毛就跳下股海，很可能會吃足苦頭退場。

　　先腳踏實地專注學習，保證你假以時日絕對會賺到 1 億日元。

　　投資不見得要拚命，但抱持全力以赴的態度學習，精通這一門技術，要賺到 1 億日元並非天方夜譚。

　　請相信自己的潛力，開始研究我的交易技巧吧。懷抱信心勇往直前，是邁向夢想的第一步。

　　希望本書可以引領大家成功，成為你們最棒的投資聖經。

MEMO

翻轉學 翻轉學系列 081

【圖解】波段、當沖、美股三贏！日本股神的線圖獲利法

97 張圖 ×5 種獨門技法 ×3 大判讀關鍵，讓你一出手就有 8 成勝率，
高效累積千萬資產

38 年連戰連勝　伝説の株職人が教える　究極の神チャート術
株は 3 つのサインが読めればいい！

作　　　　　者	相場師朗	
譯　　　　　者	葉廷昭	
封 面 設 計	張天薪	
內 文 排 版	黃雅芬	
責 任 編 輯	袁于善	
行 銷 企 劃	陳豫萱	
出版二部總編輯	林俊安	

出　版　者　采實文化事業股份有限公司
業 務 發 行　張世明・林踏欣・林坤蓉・王貞玉
國 際 版 權　林冠妤・鄒欣穎
印 務 採 購　曾玉霞
會 計 行 政　王雅蕙・李韶婉・簡佩鈺
法 律 顧 問　第一國際法律事務所　余淑杏律師
電 子 信 箱　acme@acmebook.com.tw
采 實 官 網　www.acmebook.com.tw
采 實 臉 書　www.facebook.com/acmebook01

I　S　B　N　978-986-507-759-4
定　　　　　價　420 元
初 版 一 刷　2022 年 4 月
劃 撥 帳 號　50148859
劃 撥 戶 名　采實文化事業股份有限公司
104 台北市中山區南京東路二段 95 號 9 樓
電話：(02)2511-9798　傳真：(02)2571-3298

國家圖書館出版品預行編目資料

【圖解】波段、當沖、美股三贏！日本股神的線圖獲利法：97 張圖 ×5 種獨門
技法 ×3 大判讀關鍵，讓你一出手就有 8 成勝率，高效累積千萬資產 / 相場師朗
著；葉廷昭譯 . – 台北市：采實文化，2022.4
272 面；17×23 公分 . --（翻轉學系列；81）
譯自：38 年連戰連勝　伝説の株職人が教える　究極の神チャート術　株は 3
　　　つのサインが読めればいい！
ISBN 978-986-507-759-4（平裝）
1.CST: 股票投資 2.CST: 投資技術 3.CST: 投資分析
563.53　　　　　　　　　　　　　　　　　　　　　　　　111002216

38 年連戰連勝　伝説の株職人が教える　究極の神チャート術　株は 3 つのサ
インが読めればいい！
38NEN RENSENRENSHO DENSETSU NO KABU SHOKUNIN GA OSHIERU KYUKYOKU NO
KAMI CHART JUTSU
Copyright © 2021 Shiro Aiba
Original Japanese edition published in Japan in 2021 by SB Creative Corp.
Traditional Chinese edition copyright ©2022 by ACME Publishing Co., Ltd
This edition published by arrangement with SB Creative Corp.
through Keio Cultural Enterprise Co., Ltd.
All rights reserved.

采實出版集團
ACME PUBLISHING GROUP
有著作權，未經同意不得
重製、轉載、翻印

采實文化 采實文化事業股份有限公司

104台北市中山區南京東路二段95號9樓

采實文化讀者服務部　收

讀者服務專線：02-2511-9798

圖解 波段‧當沖‧美股 三贏

日本股神的
線圖獲利法

97張圖×5種獨門技法×3大判讀關鍵，
讓你一出手就有8成勝率，高效累積千萬資產！

相場師朗——著　葉廷昭——譯

38年連戰連勝 伝説の株職人が教える
究極の神チャート術 株は３つのサインが読めればいい！

翻轉學系列 專用回函

系列：翻轉學系列081
書名：【圖解】波段、當沖、美股三贏！日本股神的線圖獲利法

讀者資料（本資料只供出版社內部建檔及寄送必要書訊使用）：

1. 姓名：
2. 性別：□男　□女
3. 出生年月日：民國　　　　年　　　　月　　　　日（年齡：　　　歲）
4. 教育程度：□大學以上　□大學　□專科　□高中（職）　□國中　□國小以下（含國小）
5. 聯絡地址：
6. 聯絡電話：
7. 電子郵件信箱：
8. 是否願意收到出版物相關資料：□願意　□不願意

購書資訊：

1. 您在哪裡購買本書？□金石堂　□誠品　□何嘉仁　□博客來
　□墊腳石　□其他：＿＿＿＿＿＿＿＿＿＿＿＿（請寫書店名稱）
2. 購買本書日期是？＿＿＿＿年＿＿＿＿月＿＿＿＿日
3. 您從哪裡得到這本書的相關訊息？□報紙廣告　□雜誌　□電視　□廣播　□親朋好友告知
　□逛書店看到　□別人送的　□網路上看到
4. 什麼原因讓你購買本書？□對主題感興趣　□被書名吸引才買的　□封面吸引人
　□內容好　□其他：＿＿＿＿＿＿＿＿＿＿＿＿＿＿＿＿＿（請寫原因）
5. 看過書以後，您覺得本書的內容：□很好　□普通　□差強人意　□應再加強　□不夠充實
　□很差　□令人失望
6. 對這本書的整體包裝設計，您覺得：□都很好　□封面吸引人，但內頁編排有待加強
　□封面不夠吸引人，內頁編排很棒　□封面和內頁編排都有待加強　□封面和內頁編排都很差

寫下您對本書及出版社的建議：

1. 您最喜歡本書的特點：□實用簡單　□包裝設計　□內容充實
2. 關於商業管理領域的訊息，您還想知道的有哪些？
＿＿＿＿＿＿＿＿＿＿＿＿＿＿＿＿＿＿＿＿＿＿＿＿＿＿＿＿＿＿＿＿＿＿＿
＿＿＿＿＿＿＿＿＿＿＿＿＿＿＿＿＿＿＿＿＿＿＿＿＿＿＿＿＿＿＿＿＿＿＿
3. 您對書中所傳達的內容，有沒有不清楚的地方？
＿＿＿＿＿＿＿＿＿＿＿＿＿＿＿＿＿＿＿＿＿＿＿＿＿＿＿＿＿＿＿＿＿＿＿
＿＿＿＿＿＿＿＿＿＿＿＿＿＿＿＿＿＿＿＿＿＿＿＿＿＿＿＿＿＿＿＿＿＿＿
4. 未來，您還希望我們出版哪一方面的書籍？
＿＿＿＿＿＿＿＿＿＿＿＿＿＿＿＿＿＿＿＿＿＿＿＿＿＿＿＿＿＿＿＿＿＿＿
＿＿＿＿＿＿＿＿＿＿＿＿＿＿＿＿＿＿＿＿＿＿＿＿＿＿＿＿＿＿＿＿＿＿＿